世界情勢を読み解く 国際関係論

主体・歴史・理論

小副川 琢
Taku Osoegawa

五月書房

はじめに

1. 国際関係論という学問分野は何か

　国際関係（international relations）に興味をもち、これからその歴史と理論を本書で勉強していく皆さんは、国際関係論（International Relations）という学問分野をどのように捉えているのであろうか。実は、国際関係論の捉え方は多様であり、皆さんがもっている知識や認識に差異があるのも当然である。

　そこで、猪口（2004: 3）及び山影（2003: 3-15）を参照に、国際関係論の捉え方について、各国並びに地域ごとの差異を明確化すると以下のようになる。すなわち、アメリカにおいては、国際関係論は政治学（Political Science）に含まれる学問分野の一つである。また、ヨーロッパにおいては、国際関係論は歴史学、国際法、そして経済学といった学問分野から成るとされている。他方、日本においては、国際関係論は様々な学問分野（法学、政治学、経済学、社会学など）を総合し、学際的に国際関係を研究するものとされている。本書においては、国際関係論という学問分野そのものに加え、国際関係理論の多くがアメリカで発展してきたことから、国際関係論を政治学の一学問分野と捉える見方を採用する。それでは、国際関係論について考える前に、

国際関係論の捉え方は多様

国際関係論を政治学の一分野と捉える見方

政治学について簡単に説明することで、国際関係論の位置付けを確認しておこう。

2. 政治学を構成する主な学問分野は何か

政治学については、建林ほか (2008: 24–26) 及び山川 (1994: 16–20) を参照に、その主な学問分野を列挙すると以下のようになる。政治原論は政治に関する原理的及び基礎的な理論を扱うものであり、政治学を狭義の意味で捉える場合には、この政治原論を意味する（本書は政治学を広義の意味で捉えているので、政治学を単一の学問分野ではなく、複数の学問分野から構成されていると捉えている）。政治思想史は過去から現在に至る政治思想を扱い、そのなかには日本政治思想史や西洋政治思想史などが含まれる。政治史は各国や各地域における政治の歴史を扱い、そのなかには日本政治史や西洋政治史などが含まれる。外交史は国家間の政治行動の歴史を扱い、そのなかには日本外交史やアメリカ外交史などが含まれる。

政治機構論（政治制度論とも言う）は立法権をもつ国会（立法府）、行政権をもつ大統領や内閣（行政府）、司法権をもつ裁判所（司法府）などの広義の統治組織（狭義の統治組織は行政府を意味する）の構造や、立法府や行政府の選出に関係する選挙の仕組みを扱うものである。政治過程論は政治機構論（政治制度論）が政治の静的な構造を扱うのに対し、政策が生み出されるまでの政治の動的な過程を扱うと共に、それを理論的かつ体系的に説明しようと試み、政党、圧力団体、マスメディア、世論の動きなどに注目するものである。

政治原論

政治思想史

政治機構論

政治過程論

比較政治学

公共政策論

　比較政治学は複数の国家の政治現象を扱い、体系的に比較することにより、国家の枠を超えてある程度一般化できる因果関係の構築を目指すものである。また、公共政策論は社会全体にかかわる公共政策について扱うものである。

　以上のように、政治学を構成する学問分野は複数存在し、既述のように国際関係論もそのなかに含まれている。ただし、国際関係論は国際政治学とも言われることが多いことから、国際関係論と国際政治学との関係について次に考えてみよう。

3.　国際関係論と国際政治学は同じ学問分野なのか

国際関係論と国際政治学

　国際関係論（International Relations: IR）と国際政治学（International Politics: IP）について、山影（2003: 3-4）は英語では国際政治学（IP）と国際関係論（IR）が意味することがほぼ同じであるものの、IR という用語の方が一般的である、と指摘している。事実、英語圏で出版されている国際関係に関する入門書の書名を調べてみると、international relations という用語の方が多く使われている。さらに、英語圏の大学における国際関係の学部・学科名に関しても、international relations という名称が付けられていることが多い。

国際関係論の方が国際政治学よりも広い学問領域を対象とする

　ただし、厳密に言えば、国際関係論の方が国際政治学（国家間における政治関係に焦点）よりも広い学問領域を対象とすることは指摘しておきたい。例えば、村田ほか（2015: ii）は『国際政治学をつかむ』という書名を付けた理由として、

「広範で多様な国際関係よりも、国家間の政治力学を中心とした国際政治学に的を絞っている」と述べている。本書はアメリカ流に、国際関係論を政治学の一学問分野と捉えていることからも、国際政治学ではなく国際関係論という用語を用いることにする。

4. 本書の構成

　最初に、本書が国際関係をどのように捉えているのか説明する。国際関係とは当たり前の話ではあるが、国家と国家との関係（国家間関係）であり、現実には多用な主体（actor: アクター）が参画して国家間関係が形成されるのみならず、過去から現在に至る歴史を有するものである。そのうえで、

国際関係を「演劇」と設定

本書は細谷・臼井編 (1986) に倣って、国際関係を「演劇」と設定し、演劇を説明するのに演劇理論が有用であるように、国際関係を説明するのに有用なのが国際関係理論との立場をとる。さらに、演劇理論の対象となる演劇に領域（ジャンル、例えば喜劇と悲劇など）が存在するように、国際関係理論の対象となる国際関係にも領域が存在するのである。

　ゆえに、国際関係の領域に応じて、それを研究する国際関係論は区分されており、河野 (2003: 2-3) や山本・河野 (2005: 1)、Sørensen et al. (2021) などを参照にすると、国際関係論を構成する学問分野は以下のように二分される。すなわ

安全保障論

ち、安全保障論（Security Studies）は安全保障を得るための各国の対応（外交や軍事行動など）、並びにその結果としての国際紛争（代表例としての戦争）を主に研究する。他方で、

国際政治経済論

国際政治経済論（International Political Economy）は安全保

障論の研究対象領域以外の国際的な諸問題（国際貿易、国際金融、国際移動、地球環境、マイノリティなど）、並びにこれら問題に対する各国の対応（外交や軍事行動など）を主に研究する。本書で学んでいく国際関係理論は、安全保障論及び国際政治経済論のいずれかの理論であるか、比重は異なるにしても両者の理論である。

　以上のことを踏まえたうえで、本書の構成について簡単に説明する。第Ⅰ部の国際関係の主体と歴史においては、国際関係（演劇）の展開に必要な多様な主体についてのみならず、現代の国際関係を理解するために必要な歴史も学習する。具体的には、国際関係における多様な主体（第1章）、16世紀から20世紀初めまでの国際関係史（第2章）、20世紀初めから20世紀半ばまでの国際関係史（第3章）、20世紀半ばから現代までの国際関係史（第4章）となる。

　第Ⅱ部の国際関係理論の検討においては、国際関係理論を学ぶ意義について第5章で考えたうえで、主要な国際関係理論のなかの三大理論を第6章から第12章にかけて学習する。三大理論に関しては、須藤（2007）やWalt（1998）に倣い、国際関係における対立状況を主に考察して説明する現実主義（realism: リアリズム）、国際関係における協調状況を主に考察して説明する自由主義（liberalism: リベラリズム）、そして対立から協調、協調から対立といった、国際関係における状況の変化を主に考察して説明する構成主義（constructivism: コンストラクティヴィズム）とした。そして、最後の第13章では第6章から第12章にかけて学習した内容をもとに、最近のウクライナ情勢を事例として、現実の国際関係について理論的な説明を試みることにしたい。

三大理論

現実主義（リアリズム）

自由主義（リベラリズム）

構成主義（コンストラクティヴィズム）

三大理論以外の主要な国際関係理論としては、今井(2017) や吉川・野口編 (2015)、Baylis et al., eds. (2023)、Devetak and True, eds. (2022)、Dunne et al., eds. (2021)、Sørensen et al. (2022) を参照すると、以下のようになる。

国際社会論 国際社会論 (international society) は国際関係における対立・協調双方の状況を説明するものであり、イギリスに参集した（同国の国籍を保持しているとは限らない）研究者らが主に展開した理論なので、「英国学派」と呼ばれることもある。

マルクス主義
批判理論 マルクス主義 (Marxism) は国際関係における支配・被支配関係を説明するものである。批判理論 (critical theory) は現実主義と自由主義が現状の説明に主眼を置いていることを批判し、現状変革のための理論を構築することを提

歴史社会学 唱するものである。歴史社会学 (historical sociology) は国家形態と国際関係は歴史的に相互作用し、国家形態が対外政策に影響を及ぼすことで国際関係の特徴が生まれる一方、他方でそうした国際関係の様相が国家形態に影響を及ぼすことを説明するものである。なお、国際関係理論の名称に関しては、現実主義や自由主義を構成する個別理論の名称も含めて、理論研究家などによって後で名付けられたものが多い点をここで指摘しておきたい。

　最後に、本書は主として初学者を対象とする入門書であるので、外国語文献で日本語訳が存在する場合には、訳本の方を用いていることを付言しておく。また、直接引用を行った際には、各章の本文にのみ「　」と引用元を明記し、見出しと用語解説においては省略した。さらに、直接引用部分の ［　］ は筆者が適宜補ったものである。

＊　＊　＊

参考文献

・猪口孝（2004）「国際関係論の理論と展開」猪口孝編『国際関係リーディングズ』東洋書林。
・今井宏平（2017）『国際政治理論の射程と限界——分析ツールの理解に向けて』中央大学出版会。
・河野勝（2003）「国際政治経済論とは」河野勝、竹中治堅編『アクセス　国際政治経済論』日本経済評論社。
・須藤季夫（2007）『国家の対外行動』東京大学出版会。
・建林正彦、曽我謙悟、待鳥聡史（2008）『比較政治制度論』有斐閣。
・細谷千博、臼井久和編（1986）『国際政治の世界——第二次大戦後の国際システム変容と将来の展望』（増補改訂版）有信堂高文社。
・村田晃嗣、君塚直隆、石川卓、来栖薫子、秋山信将（2015）『国際政治学をつかむ』（新版）有斐閣。
・山影進（2003）「国際関係論——その一つのあり方」岩田一政、小寺彰、山影進、山本吉宣編『国際関係研究入門』（増補版）東京大学出版会。
・山川雄巳（1994）『政治学概論』（第2版）有斐閣。
・山本吉宣、河野勝（2005）「安全保障とその政治学的研究」山本吉宣、河野勝編『アクセス　安全保障論』日本経済評論社。
・吉川直人、野口和彦編（2015）『国際関係理論』（第2版）勁草書房。
・Baylis, John, Steve Smith, and Patricia Owens, eds. (2023) *The Globalization of World Politics: An Introduction to International Relations* (9th edition), Oxford: Oxford University Press.
・Devetak, Richard and Jacqui True, eds. (2022) *Theories of International Relations* (6th edition), London, New York, and Dublin: Bloomsbury Academic.

· Dunne, Tim, Milja Kurki, and Steve Smith, eds. (2021) *International Relations Theories: Discipline and Diversity* (5th edition), Oxford: Oxford University Press.

· Sørensen, Georg, Jørgen Møller, and Robert Jackson (2022) *Introduction to International Relations: Theories and Approaches* (8th edition), Oxford: Oxford University Press.

· Walt, Stephen M. (1998) 'International Relations: One World, Many Theories', *Foreign Policy*, no. 110, pp. 29–46.

目　次

第Ⅰ部
国際関係の主体と歴史

第1章
国際関係における多様な主体

1. 国際関係における国家

　国際関係（international relations）とは、国家と国家との関係（国家間関係）であり、国家同士が関係性を有していることから、国家と国家との間には相互行為・作用が存在している。それでは、国家とは何であろうか。古代から近世にかけて存在した帝国や都市国家など、歴史上さまざまな形態の国家が存在してきたなかで、我々が現在住んでいる世界における国家の基本的な形態は主権国家である。「三十年戦争」（1618-1648年）を終結させたウェストファリア条約締結（1648年）を契機に、主権国家がヨーロッパで最初に成立し、以後は世界大に広がっていった結果、地球は主権国家で覆われることになった（その数は現在約200）。こうしたことから、本書が扱っている国家とは基本的に、主権国家のことを意味する。

　それでは、ある政治的実体が国家となるためには何が必要であろうか。国家成立の要件（国家成立の三要素）は、今井（2017: 3-8）、丸山（2005: 86-87）、山川（1994: 92-93）を参考にまとめると、領域、政府、国民となる。各要素について簡単に説明すると、領域は政府の対内主権が及ぶ範

現代の国家の基本的な
形態は主権国家

国家成立の要件は領
域、政府、国民

囲であり、領土、領海、領空から成っている。また、政府は権力を行使する主体であり、領域内においては唯一かつ最高の権威であるところの対内主権を有する一方、他方で領域外の他国との関係においては独立かつ平等であるところの対外主権を有し、外交を行う能力（外交能力）をもっている。さらに、国民は政府によって国籍を付与されている人びとの集合であり、国籍によって国家に帰属している。そして、上記の三要素を備えて成立した国家のことを「広義の国家」と呼ぶのに対して、「狭義の国家」は政府を意味する場合や、行政府（政府）や司法府、立法府などを含めた政治権力を意味する場合もある。本書においては、「国家」という単語に言及する場合は基本的に、「広義の国家」を意味する。

「広義の国家」と「狭義の国家」

　既述のように、国際関係においては国家と国家との間に相互行為・作用が存在しており、国家は行為・作用を他の国家に及ぼすことにより、国際関係を形成する。そして、行為や作用を他に及ぼし、関係を形成するものが主体（actor: アクター）であることから、国際関係における主体は国家である、と言える。より分かりやすく言うならば、国家は対外行動をとり、他の国家に影響を与えることにより、国際関係を形成するのである。ただし、ここで注意しなければならないのは、国家そのものが対外行動をとり、他の国家に影響を与えているわけではない、ということである。現実には、国家内に存在する種々の主体（本書では具体的な主体と呼ぶ）が対外行動をとることにより、他の国家内の具体的な主体に影響を与え、国際関係を形成しているのである。なお、具体的な主体といえども、それが組織である

国際関係における主体は国家

場合には、対外行動はその組織の名において意志決定を行う立場にある人もしくは集団によってとられるのであり、組織であるところの具体的な主体が対外行動をとっている、との表現はあくまでも便宜上のものである。

2. 国際関係における具体的な主体

それでは、現実の国際関係から具体的な主体とは何か、考えてみよう。19世紀までは、各国の政府（government）が当該国家の対外行動をほぼ独占している状態であり、ゆえに国際関係における具体的な主体はほぼ政府のみであり、国際関係は政府間関係と言い換えることが可能な状況であった。また、現代においても、例えば日米関係といった場合には、現実には両国の政府同士の関係を意味することが通例である。なお、政府の内訳は主として、首脳（現代では大統領や首相を指すのが一般的）、内閣（外務大臣、経産大臣、防衛大臣などの閣僚から成る）、内閣が統括する行政機構（中央省庁とも言い、外務省、経産省、防衛省などから成る）、与党（国会議員が主なメンバー）となる。そして、国際関係を政府間関係と同一視する場合には、国際関係を外交及びその延長としての戦争という様相でとらえる傾向にある。この点に関連して、プロイセン王国の軍人であったクラウゼヴィッツは『戦争論』（上）(1968［原書初版1832］: 58) において「戦争は政治におけるとは異なる手段をもってする政治の継続にほかならない」と述べている。

その後、19世紀後半以降の生産・交通・通信手段における技術的発展に伴い、国家の対外行動に参画してきた

19世紀までは国際関係における具体的な主体は政府のみ

政府の内訳

クラウゼヴィッツ『戦争論』

具体的な主体が非政府主体（non-governmental actor）であり、非政府主体同士の関係や、非政府主体と政府との関係が国際関係において目立つようになってきたのである。なお、非政府主体は非国家主体（non-state actor）と一般的には言われているものである。しかしながら、非国家主体という用語では、国家とは別に（国家以外に）非国家主体が存在することを意味するので、非国家主体（例えば企業など）が国家の領域内に存在し、また拠点を有していることの現実を正確に捉えられないであろう。そこで、本書においては、国家の領域内に存在する政府とは別の（政府以外の）主体という意味で、非政府主体という用語を使用する。英語圏において定評のある国際関係論の教科書である Kinsella et al.（2013: 65）において、'nongovernmental actor' との表記が見られることから、非政府主体という用語は筆者の造語ではない。

　それでは、非政府主体の内訳はどのようなものであろうか。それは主として、企業（とりわけ多国籍企業）、非政府組織、民族、宗教集団、テロ集団、個人となる。各内訳に関して、企業の代表例は多国籍企業と言われているトヨタ自動車や日産自動車など、非政府組織の代表例は日本赤十字社や日本オリンピック委員会など、民族の代表例はクルド人やバスク人など、宗教集団の代表例はターリバーンやムスリム同胞団など、テロ集団の代表例はアル・カーイダや「イスラーム国」など、そして個人の代表例は国際的に影響を与えている人物としてアンジェリーナ・ジョリーやカルロス・ゴーンなどとなる。

　これまで述べてきた政府及び非政府主体以外に、国際

関係における具体的な主体は何か存在するのであろうか。その答えが国際組織（international organization）であり、国際組織の内訳としては国際政府組織（一般的には国際機関と言われている）と国際非政府組織となる。各内訳に関して、国際政府組織の代表例は国際連合（国連、UN）や欧州連合（EU）などであり、国際非政府組織の代表例は赤十字国際委員会や国際オリンピック委員会などとなる。なお、国際組織の対外行動は、政府や非政府主体による対外行動とは異なり、国家間関係に間接的に関わる形態である。すなわち、国際組織による対外行動は政府や非政府主体に影響を与え、これらによる対外行動の結果としての国家間関係を変化させたり、調整したりしている。したがって、国際組織も国際関係を形成する役割を果たしていることから、国際関係における具体的な主体と言えるのである。

　以上のことから、国際関係における主体が国家である、とは主体の定義に則して言えることではあるものの、実際には国家そのものが他の国家に行為・作用を及ぼしているわけではないため、このような主体の捉え方は国際関係の実態を反映したものではない。そこで、現実の国際関係に則して具体的な主体を大枠で捉えるならば、それは政府、非政府主体、国際組織となり、それぞれ内訳（下位区分）を指摘することが可能である。このように、種々の具体的な主体が国際関係に参画するようになった結果、国際関係は複雑化しているのである。

国際組織の内訳

3. 国際関係理論と具体的な主体との関係

　最後に、本書が国際関係理論を主に説明する内容となっていることから、同理論と具体的な主体との関係について説明する。このことは、国際関係理論のなかの三大理論（現実主義［realism］、自由主義［liberalism］、構成主義［constructivism］）がそれぞれ、これまでに説明してきたなかのどの具体的な主体に焦点を当てているのかを意味する。

国際関係理論の三大理論：現実主義、自由主義、構成主義

現実主義は政府に焦点

　最初に、現実主義に関して言うならば、それは基本的には政府である。ただし、現実主義が国際関係において重要視する外交や戦争という事象は、実際には政府が国家の名によって対外的に遂行していることから、現実主義は政府ではなく、国家という用語の方を好んで用いる傾向にある点を指摘しておきたい。いずれにせよ、現実主義は政府が対外行動を実施する際に必要なパワー（とりわけ軍事力やその基盤となる経済力や技術力）を重視し、国際関係をパワー・ポリティックス（power politics: 権力政治）と捉えるのである。

パワー・ポリティックス（権力政治）

自由主義及び構成主義は主体の多様性を認めている

　他方、自由主義及び構成主義に関して言うならば、政府以外の具体的な主体である非政府主体や国際組織が国際関係で果たす役割も重視しており、現実主義よりも主体の多様性を認めている。なお、自由主義に関しては、非政府主体がとる対外行動により、現実主義が想定するような政府間関係に特徴的なパワー・ポリティックス的な様相を、国際関係から減じさせることが可能である、と見なしているのである。

4. 国内社会と国際社会との相違点

　最後に、具体的な主体に焦点を当てつつ、国内社会と、国際関係が展開される場としての国際社会との違いについて簡単に説明したい。国内社会においては、対内主権を有する政府は非政府主体に対して強制力を行使可能である。しかしながら、国際社会には、政府や非政府主体、国際組織に対して強制力を行使可能な具体的な主体（例えば、世界政府といったもの）は存在していないのである。

　それでは、国連のような国際政府組織は強制力を行使できないのであろうか。この点に関して言えば、国際政府組織は各国政府の同意に基づいて形成されたのみならず、その同意に基づいて行動することが求められるがゆえに、組織に加盟している各国政府の意向に背く行動をとることは想定し難く、また政府の有する主権の観点から強制力の行使も限定的なものに留まっているのである。以上のことから、国際社会においては国際関係を構成する具体的な主体が「自由に」行動可能であるがゆえに、国際紛争が生じることになり、また紛争解決が保障されない状態となっている、と言えよう。

具体的な主体が「自由に」行動可能であるがゆえに、国際紛争が生じる

$$* \quad * \quad *$$

参考文献
・今井宏平（2017）『国際政治理論の射程と限界——分析ツールの理解に向けて』中央大学出版会。
・クラウゼヴィッツ（1968）『戦争論』（上、篠田英雄訳）岩波書店。

・丸山珠里（2005）「国家に関する国際法の規則」横田洋三編『国際法入門』（第2版）有斐閣。
・山川雄巳（1994）『政治学概論』（第2版）有斐閣。
・Kinsella, David, Bruce Russett, and Harvey Starr (2013) *World Politics: The Menu for Choice* (10th edition), Boston, MA: Wadsworth.

学習案内

国際関係における主体については、Kinsella, Russett, and Starr (2013) の第3章のほかに、以下が参考になる。

・衛藤瀋吉、渡辺昭夫、公文俊平、平野健一郎（1989）『国際関係論』（第2版）東京大学出版会の第2章第1節及び第2節。
・来栖薫子（2015）「脱国家的主体」村田晃嗣、君塚直隆、石川卓、来栖薫子、秋山信将『国際政治学をつかむ』（新版）有斐閣。
・岡部達味（1992）『国際政治の分析枠組』東京大学出版会の第2章。

第2章
国際関係史①──16世紀から20世紀初めまで

1．中世ヨーロッパ世界から主権国家体制へ

16世紀のヨーロッパ
はローマ教皇と神聖ロ
ーマ帝国皇帝の二元支
配

　16世紀のヨーロッパは5世紀に成立した中世ヨーロッパ世界の末期であり、ローマ教皇（カトリックの最高権威）と神聖ローマ帝国（ヨーロッパ中央部に存在）皇帝による二元支配が行われていた。そこでは、ローマ教皇が帝国を構成する各国家の高位聖職者（枢機卿や司教など）の任免権をもっていたのに対して、神聖ローマ帝国皇帝が政治・外交面を司っていたことから、帝国構成諸国家の国王でさえ、教皇や皇帝の意向を無視することは不可能であった。すなわち、神聖ローマ帝国を構成する諸国家の政府（絶対王政下なので実際は国王が政府を掌握）は対内・対外主権を有しておらず、ゆえに「主権国家」という国家形態は未だ見られなかったのである。

ルターがローマ教皇庁
の腐敗を糾弾

　ローマ教皇が絶大な権威を保持している状況において、修道僧マルティン・ルターは1517年に、ローマ教皇庁の腐敗を糾弾するに至った。ルターはローマ教皇庁による「免罪符」（この世での罪を許してくれるお札）を通じた資金集めを批判したのである。その後、ザクセン公爵などのルター

支持の領主が同盟を結び、ローマ教皇庁に「抗議する（プロテスト）」集団となった。これがキリスト教における主要宗派の一つであるプロテスタントの形成である。1530年代以降、ヨーロッパは神聖ローマ帝国率いるカトリック側対プロテスタント側の「宗教戦争」の時代へ入っていくことになった。

「三十年戦争」

「宗教戦争」から「領土戦争」へ

こうしたなかで、1618年から1648年にかけて繰り広げられた「三十年戦争」は、最後の「宗教戦争」と言われている。当初はカトリック側対プロテスタント側の「宗教戦争」であったものの、次第に「領土戦争」の側面ももつようになった。なぜならば、カトリック側のフランスが同じくカトリック側のスペインと戦争を行ったからである。また、この戦争は非常に残虐なものであり、ドイツ語圏での人口減少と土地の荒廃が顕著であった、と言われている。

最終的には、「三十年戦争」を通じてローマ教皇及び神聖ローマ帝国皇帝の権威が失墜するなかで、同戦争の講和条約であるウェストファリア条約が締結（1648年）された結果、主権国家体系がヨーロッパで成立するに至った。

ウェストファリア条約で主権国家体系がヨーロッパで成立

すなわち、神聖ローマ帝国の構成国及びその周辺国（イギリス、フランス、スペイン、オランダなど）の領土が確定し、領域を基盤とし、領域（国境）内の国民に対して政府が対内主権をもつ国家、つまり主権国家がヨーロッパで成立したのである。そして、これら諸国の政府（実際には国王）が対外主権を有した結果、ヨーロッパの国際関係は法的に対等な主権国家から構成されることになった。

主権国家の成立

2. 「長い18世紀」から「ウィーン会議」の開催へ

「長い18世紀」

　17世紀半ばにヨーロッパで主権国家体系が成立した後で、同地域は全体で大戦争が勃発する「長い18世紀」と呼ばれる時代を迎えることになった。なぜならば、フランス国王ルイ14世からナポレオン1世に至る歴史が証明するように、「17世紀末から19世紀初頭にかけては、野心家の権力者が次々と登場」（君塚2015: 16）したからである。このことは世界史的に捉えると、オランダに代わって新たに台頭したイギリスに対するフランスの挑戦であり、「世界大の覇権をめぐる戦い」（進藤2001: 9）であった。

バランス・オブ・パワー（勢力均衡）

「財政＝軍事国家」の出現

　こうした状況において、君塚（2015: 16-17）は、ヨーロッパの国際関係に加わった新たな二つの要素を指摘している。そのうちの一つが、バランス・オブ・パワー（balance of power: 勢力均衡）と呼ばれる原則の出現であり、ルイ14世やナポレオン1世による拡張主義政策をとったフランスを、周辺国が団結して封じ込めたのである。もう一つは、「財政＝軍事国家」の出現であり、戦争を遂行するためには軍事費を賄うことが必要であった。この点に関していえば、イギリスでは戦争の遂行を含む国家の諸政策を政府が決めるうえで、納税者の主体である地主貴族階級からの同意を議会で取り付けたのに対して、フランスでは富裕層である第一身分（聖職者）と第二身分（貴族）が免税の特権を享受したなかで、第三身分（平民）は重税に苦しむという事態が生じ、遂にはフランス革命の勃発（1789年）に至ったのである（君塚2015: 18）。

　加えて、戦争は君主が雇う傭兵が中心となってこれま

では遂行されてきたのであるが、戦争が頻発したことから、多くの国民が政府に動員される必要性が生じた。その結果、国民が自らの政治意識に目覚めることになり、主権国家は近代に入ると、国民が代表を通じて政府の権力を行使する国民国家という様相を帯びるようになったのである。また、この時代には主権国家が北米大陸にも成立するに至った。イギリスとの長い植民地独立闘争を経て、アメリカ合衆国として独立することが、1776 年に宣言されたのである。

　最終的には、「長い 18 世紀」は「ウィーン会議」の開催（1814-1815 年）で終わりを告げられた。フランス革命とナポレオンによる一連の戦争終結後に、大国（オーストリア、イギリス、フランス、プロイセン、ロシア）がウィーンにて会合を行ったのである。その結果、フランスの領域は 1792 年当時の国境に基づくことが決定された。また、バランス・オブ・パワーの原則が再確認され、圧倒的に強力な大国がヨーロッパ、とりわけ大陸ヨーロッパで出現しないようにする「ウィーン体制」が形成されたのである。

3.「ウィーン体制」の維持・崩壊から第一次世界大戦の勃発へ

　既述のように、「ウィーン体制」の維持とは、バランス・オブ・パワーの原則による平和の維持を意味した。そこで、「ウィーン会議」の開催後もしばらくはオーストリア、イギリス、フランス、プロイセン、ロシアといった大国間で定期的に国際会議が開かれ、これら大国間でバランス・オブ・パワーが維持された結果、1870 年までヨーロッパは比較

国民国家：国民が代表を通じて政府の権力を行使する

「ウィーン体制」の形成

地図1　1815年のヨーロッパ

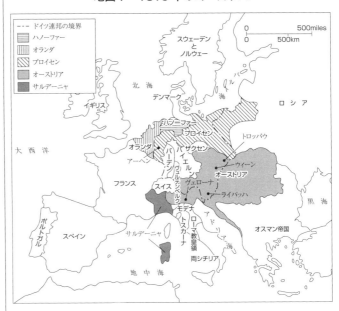

[出典] 君塚（2010：208）を元に作成。

的平和であった。ただし、大国間のバランス・オブ・パワーを重視するあまり、弱小民族の主権国家形成への希求を無視することにもなった。その一例がロシアによるポーランド支配である。

　19世紀後半になると、ナポレオン3世の下でライン川左岸の支配を目指すフランスと、オットー・フォン・ビスマルク首相の下でドイツ語圏統合に乗り出すプロイセンとの対立により、普仏戦争（1870-1871年）が勃発した。この戦争でプロイセンが勝利したことに伴い、強大なドイツ（ドイツ帝国）が成立したことにより、「ウィーン体制」は崩壊したのである。

弱小民族の主権国家形成への希求を無視

普仏戦争で「ウィーン体制」が崩壊

| | しかしながら、1890年までは「ビスマルク体制」により、
|「ビスマルク体制」| ヨーロッパでは一定の平和が維持された。これは、ビスマ
| | ルクの巧みな外交戦略・戦術に依拠した、ドイツによるフ
| | ランスの封じ込めであった。ドイツはオーストリア＝ハン
| | ガリー及びイタリアと三国同盟を締結（1882年）した。こ

の結果、フランスはヨーロッパで孤立させられたので、ヨーロッパ外（東南アジアや中東、アフリカなど）で植民地を獲得し、勢力を拡大した。東南アジアでは仏領インドシナ連邦が成立（1887年）し、中東では仏保護領モロッコが成立（1912年）し、そしてアフリカでは仏領西アフリカが成立（1895年）したのである。

仏領インドシナ連邦、
仏保護領モロッコ、仏
領西アフリカの成立

ドイツ皇帝ヴィルヘルム2世（1888年即位）がビスマルクを追放した後のヨーロッパでは、イギリス及びフランスがドイツの封じ込めに着手した。フランスが露仏同盟を締結（1894年）したのに対して、イギリスは世界的な植民地争奪競争を有利に運ぶために、「光栄ある孤立」から脱却した。イギリスは日英同盟（1902年）、英仏協商（1904年）、英露協商（1907年）といったように、同盟関係を次々に結んでいった。イギリス、フランス、ロシアから成る三国協商が成立した結果、ヨーロッパは三国同盟側と三国協商側に二分され、第一次世界大戦の勃発へと突き進んでいったのである。

イギリスが「光栄ある
孤立」から脱却

＊　＊　＊

参考文献

・君塚直隆（2010）『近代ヨーロッパ国際政治史』有斐閣。

・君塚直隆（2015）「主権国家の誕生——ウェストファリア体制」
　　村田晃嗣、君塚直隆、石川卓、来栖薫子、秋山信将『国際政
　　治学をつかむ』（新版）有斐閣。
・進藤榮一（2001）『現代国際関係学——歴史・思想・理論』有斐
　　閣。

学習案内

　16 世紀から 20 世紀初めにかけての国際関係史に関しては、上記
の参考文献及び高校における世界史の教科書や用語集のほかに、以
下が参考となる。

・飯田洋介（2015）『ビスマルク——ドイツ帝国を築いた政治外交
　　術』中央公論新社。
・岩間陽子、君塚直隆、細谷雄一編著（2022）『ハンドブック　ヨ
　　ーロッパ外交史——ウェストファリアからブレグジットまで』
　　ミネルヴァ書房の第Ⅰ部、第Ⅱ部。
・細谷雄一（2021）『国際秩序——18 世紀ヨーロッパから 21 世紀
　　アジアへ』（第 8 版）中央公論新社の第 1 章、第 2 章。

第3章
国際関係史②──20世紀初めから20世紀半ばまで

1. 第一次世界大戦の勃発と推移

三国協商と三国同盟との対立関係

　第2章の最後に学習したように、20世紀初頭のヨーロッパは三国協商（イギリス、フランス、ロシア）と三国同盟（ドイツ、オーストリア＝ハンガリー、イタリア）との対立関係にあった。ドイツ皇帝ヴィルヘルム2世が海軍を拡張した結果、イギリス・ドイツ間で建艦競争が発生し、両国関係は悪化の一途をたどることになった。

第一次世界大戦の勃発

　こうしたなかで、1914年6月28日にサライェヴォ事件が発生したのを契機に、第一次世界大戦が勃発するに至った。セルビア人青年が、オーストリア＝ハンガリーの皇位継承者であるフランツ・フェルディナント大公のボスニア親善訪問中に、首都サライェヴォで暗殺を実行したのである。この背景には、セルビアとオーストリア＝ハンガリーが領土問題をめぐって対立しているなかで、セルビアがオーストリア＝ハンガリーによるボスニア支配に抵抗していたことがあった。オーストリア＝ハンガリーが1914年7月28日にセルビアに宣戦布告すると、ドイツがオーストリア＝ハンガリーを支援したのに対して、ロシアがセルビ

アを支援した結果、イタリア、イギリス、フランスも巻き込まれることになった。すなわち、これら諸国が三国協商と三国同盟に基づいて行動した結果、ヨーロッパの主要国が戦争に参加することになったのである。

　第一次世界大戦の大まかな対立構図は三国協商対三国同盟となるが、主な諸国の動きは以下のとおりとなる。日本が日英同盟に基づいて、1914年に三国協商側に味方する形で参戦し、アジアにおけるドイツの植民地を攻撃したほか、オスマン帝国はロシアに対する長年の敵意から、三国同盟側の一員として同年に参戦した。また、イタリアはオーストリア＝ハンガリーとの間に領土問題を抱えていたことから、1915年に三国協商側に鞍替えした。そして、アメリカがドイツ軍の潜水艦による無差別攻撃に我慢ならず、1917年に三国協商側に味方して参戦したことは、三国協商側の勝利に貢献することになった。なお、主要な戦線及び交戦国は以下のとおりである。ヨーロッパ戦線は東部戦線（ロシア対ドイツ）及び西部戦線（イギリス、フランス対ドイツ）から成り、その他にオスマン帝国戦線（イギリス、フランス対ドイツ、オスマン帝国）が存在した。

　戦闘が続くなかで、1917年のロシア革命の勃発は三国同盟側に影響を与え、戦争終結へと繋がった。オーストリア＝ハンガリーでは戦争の長期化とロシア革命の影響を受けて、多民族国家が分裂の危機に陥った。また、ドイツではロシア革命の影響により、キール軍港で水兵による反乱が1918年11月に発生し、同月11日に休戦条約に調印した。この結果、第一次世界大戦は三国協商側の勝利により終結したのである。

日本が日英同盟に基づき三国協商側として参戦

オスマン帝国が三国同盟側として参戦

アメリカが三国協商側として参戦

ロシア革命

地図2　第一次世界大戦（1915年以降のヨーロッパ戦線、オスマン帝国戦線）

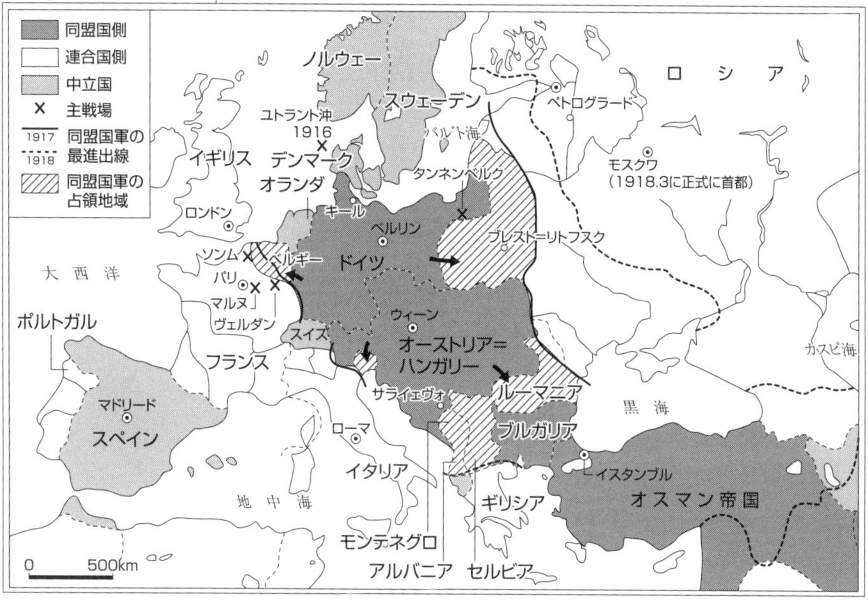

凡例：
- 同盟国側
- 連合国側
- 中立国
- × 主戦場
- 1917 1918 同盟国軍の最進出線
- 同盟国軍の占領地域

地図中の地名：
ノルウェー、スウェーデン、ロシア、ユトラント沖 1916、ペトログラード、バルト海、モスクワ（1918.3に正式に首都）、タンネンベルク、イギリス、デンマーク、オランダ、キール、ベルリン、ブレスト＝リトフスク、ロンドン、大西洋、ソンム×、ベルギー×、パリ×、マルヌ、ヴェルダン、スイス、ドイツ、ウィーン、オーストリア＝ハンガリー、ポルトガル、フランス、マドリード、スペイン、地中海、サライェヴォ、ローマ、イタリア、ルーマニア、ブルガリア、黒海、カスピ海、イスタンブル、オスマン帝国、ギリシア、モンテネグロ、アルバニア、セルビア

0　500km

[出典] 木村ほか（2019：333）を元に作成。

2.　戦間期の動き

パリ講和会議

　第一次世界大戦の戦後処理を確定するために、パリ講和会議が1919年1月に開会した。重要な問題はアメリカ、イギリス、フランス、日本、イタリアがメンバーの「最高会議」で検討することになっていたものの、アメリカ、イギリス、フランスの影響力が実際には圧倒的であった。パリ講和会議の結果、ドイツの扱いと戦後構想を主な内容とするヴェルサイユ条約が1919年6月に締結された。ド

ヴェルサイユ条約

イツに対しては過酷な要求が突き付けられ、その主な内容

は軍備制限、過酷な賠償金（最終的に 1,320 億金マルクであり、ドイツの国内総生産［GNP］の 20 年分に相当）、海外植民地を含む領土分割であった。また、戦後構想に関しては、アメリカのウッドロー・ウィルソン大統領の起案である国際連盟規約が含まれていた。

国際連盟

　1920 年 1 月に発足した国際連盟は、集団安全保障に基づいて国際紛争を解決することを目指していた。加盟国は 42 か国であり、イギリス、フランス、イタリア、日本が常任理事国であった。なお、アメリカは上院の反対により、国際連盟規約の批准を拒否したことにより、連盟に参加しないことになった。

集団安全保障

　ドイツに関しては、1920 年代を通じて賠償金の支払いや領土分割に伴って経済復興が進まないなかで、1929 年にアメリカから始まった世界恐慌の影響を大いに受けることになり、経済危機が深刻化した。そして、悪化する一方のドイツの経済状況や、イギリス及びフランスに対する同国民の敵意を利用する形で台頭してきたのが、アドルフ・ヒトラーである。ヒトラー率いる国民社会主義ドイツ労働者党（通称ナチ党）は 1932 年に第一党になり、翌年にはヒトラーが首相職に就任した。最終的には、1934 年のパウル・フォン・ヒンデンブルグ大統領の死去により、ヒトラーが大統領職も兼ねるようになり、総統と称するに至ったのである。国内において全権を掌握したヒトラーは 1935 年に再軍備宣言を行い、以後ドイツ語圏の併合に乗り出した。1938 年にはオーストリアを併合し、また翌年にはチェコを占領するのみならず、スロヴァキアを保護国化したのである。

国民社会主義ドイツ労働者党（ナチ党）

世界恐慌の影響はまた、イタリアと日本にも及び、両国は海外権益の拡大を目指した。イタリアは1935年にエチオピアに侵攻し、翌年に併合した。日本は1931年に満州事変を起こして中国東北部における支配領域を拡大し、翌年には満州国の建国に多大な役割を果たした。この結果、イタリア及び日本はアメリカ、イギリス、フランスと対立するようになり、ドイツと接近することになった。最終的には、常任理事国の日本が1933年に、同理事国のイタリアが1937年に、それぞれ国際連盟から脱退したことにより、同連盟の集団安全保障が機能しなくなり、第二次世界大戦の勃発に至ったのである。

満洲国の建国

日本、イタリアが国際連盟から脱退

3. 第二次世界大戦の勃発と推移

ドイツはポーランドにも進出する意向をもっており、ソ連の動向を気にかけていた。そこで、1939年8月23日に独ソ不可侵条約を締結したうえで、同年9月1日にドイツ軍がポーランド西部に侵攻した。そして、ポーランドの同盟国であるイギリス及びフランスが1939年9月3日にドイツに宣戦布告をした結果、第二次世界大戦が勃発することになったのである。

独ソ不可侵条約

ドイツ軍のポーランド西部侵攻

第二次世界大戦の大まかな対立構図は連合国（アメリカ、イギリス、フランス、ソ連、中国など）対枢軸国（ドイツ、イタリア、日本など）となる。また、主要な戦線及び交戦国は以下のとおりである。ヨーロッパ戦線はイギリス、フランス、アメリカ、ソ連対ドイツ、イタリアであり、アジア・太平洋戦線はアメリカ、イギリス、ソ連、中国対日本である。

連合国対枢軸国

地図3　第二次世界大戦（ヨーロッパ戦線）

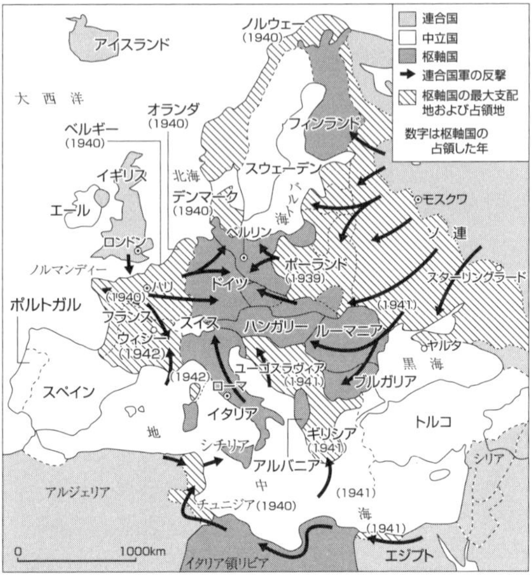

[出典] 木村ほか（2019：365）を元に作成。

　　　最初に、ヨーロッパ戦線の推移から説明する。ドイツ軍
のポーランド西部侵攻直後の1939年9月17日に、ソ連軍
が同国東部に侵攻した結果、西部はドイツに、東部はソ
連に、それぞれ占領されることになり、ポーランドという
国家は消滅した。その後、1940年4月から5月にかけて、
ドイツ軍はデンマーク、ノルウェー、オランダ、ベルギー、
ルクセンブルグに侵攻し、占領した。イタリアは1940年6
月10日にドイツ側に味方して参戦するに至り、また同14
日にはドイツ軍がパリを占領し、フランスが降伏した。

　　　他方で、ドイツ軍が独ソ不可侵条約に違反して、1941
年6月にソ連に侵攻した結果、独ソ戦が開始された。ソ
連は1941年12月に反攻を開始し、1942年11月から1943

（左余白）
ソ連軍のポーランド東部侵攻

独ソ戦

地図4　第二次世界大戦（アジア・太平洋戦線）

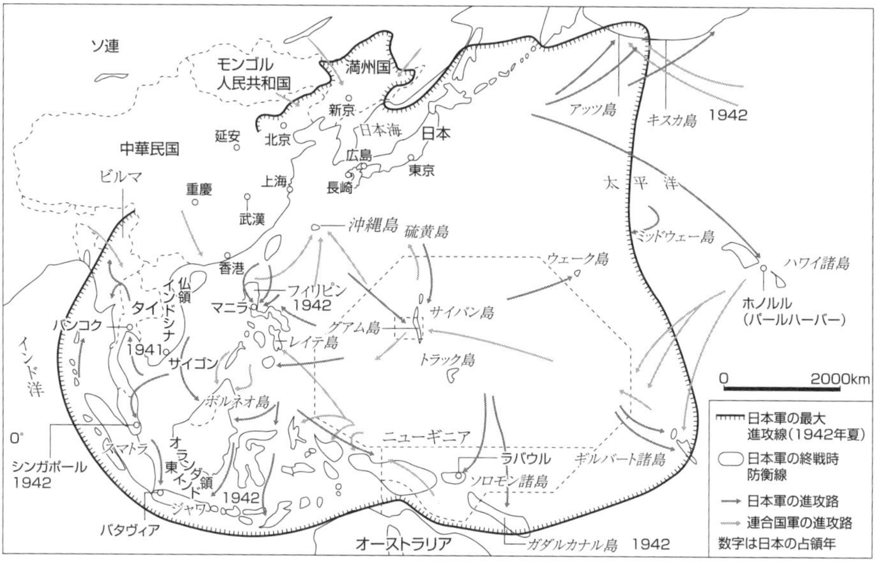

地図中の表記：

ソ連　モンゴル人民共和国　満州国　新京　アッツ島　キスカ島　1942　中華民国　延安　北京　日本海　日本　広島　東京　太平洋　ビルマ　重慶　上海　長崎　ミッドウェー島　武漢　ハワイ諸島　沖縄島　硫黄島　ウェーク島　香港　ホノルル（パールハーバー）　仏領インドシナ　フィリピン　1942　サイパン島　タイ　バンコク　1941　マニラ　グアム島　サイゴン　レイテ島　トラック島　ボルネオ島　インド洋　0°　ニューギニア　シンガポール　1942　オランダ領東インド　1942　ラバウル　ギルバート諸島　スマトラ　ジャワ　ソロモン諸島　バタヴィア　オーストラリア　ガダルカナル島　1942

0　2000km

凡例：
- 日本軍の最大進攻線（1942年夏）
- 日本軍の終戦時防衛線
- → 日本軍の進攻路
- → 連合国軍の進攻路
- 数字は日本の占領年

［出典］木村ほか（2019：367）を元に作成。

「ノルマンディー上陸作戦」

ヨーロッパ戦線の終焉

年1月にかけてのスターリングラードの戦いにより、ソ連軍はドイツ軍を撃破した。ドイツ軍が守勢に転じるなかで、アメリカ軍及びイギリス軍などが1943年7月にシチリアに上陸した。イタリアは1943年9月に無条件降伏をするに至り、ドイツは以後単独でイギリス、アメリカ、ソ連に対峙することになった。アメリカ軍及びイギリス軍などは1944年6月にフランス北部のノルマンディーへの上陸（「ノルマンディー上陸作戦」）を実施し、同年8月にパリをドイツ軍から解放した。最終的には、アメリカ軍及びイギリス軍による激しいベルリン空襲や、ソ連軍によるベルリン包囲の最中にヒトラーが自殺し（1945年4月30日）、ドイツが同年5月7日に無条件降伏をした結果、ヨーロッパ戦線は終

焉を迎えたのである。

　次に、アジア・太平洋戦線の推移に関しては、日中戦争が1937年7月以来続いているなかで、1940年9月に日本軍が仏領インドシナ北部に進駐したほか、日独伊三国同盟が締結された。日本は南方進出へ備えるために、1941年4月にソ連と日ソ中立条約を締結したうえで、日本軍は同年7月に仏領インドシナ南部に進駐した。これに対して、アメリカは在米日本資産の凍結や対日石油輸出の全面禁止を実施し、さらに1941年11月に「ハル＝ノート」を日本に提示するに至った。「ハル＝ノート」は、コーデル・ハル国務長官が起草したものであり、中国及び仏領インドシナからの全面撤退を日本に要求する内容となっていた。1941年4月から続けられていた日米交渉は打ち切りとなり、日本軍はハワイの真珠湾（パールハーバー）に対する攻撃を同年12月8日に実施した。この結果、太平洋戦争が始まると共に、アメリカ軍がようやく参戦するに至り、これまでのヨーロッパにおける戦争がまさしく「世界大戦」になったのである。

　日本軍は真珠湾攻撃やその直後の1941年12月10日に実施したマレー沖海戦といった緒戦で勝利し、マレー、香港、フィリピン、シンガポール、ジャワ・スマトラ、ビルマなどを占領し、また南太平洋の制海権を掌握した。しかしながら、1942年6月のミッドウェー海戦で日本軍がアメリカ軍に大敗すると、日本の戦況は不利になった。1944年7月のアメリカ軍の上陸によるサイパン島の陥落以後、同島はアメリカ軍による対日本本土空襲の基地となった。アメリカ軍は1945年4月に沖縄本島に上陸し（沖縄戦）、

日独伊三国同盟

日ソ中立条約
仏領インドシナ南部進駐
対日石油輸出の全面禁止

「ハル＝ノート」

真珠湾（パールハーバー）攻撃

ミッドウェー海戦

沖縄戦

広島に原爆投下	同年 8 月 6 日には広島に原爆を投下した。他方で、1945
ソ連軍の侵攻	年 8 月 8 日にはソ連が日ソ中立条約の破棄を通告して参
	戦し、ソ連軍が中国東北部や朝鮮、樺太、千島に侵攻した。
長崎に原爆投下	その後、アメリカ軍は 1945 年 8 月 9 日には長崎に原爆を
	投下し、日本の降伏は時間の問題となった。最終的には、
	日本は 1945 年 8 月 14 日に無条件降伏を決定し、翌 15 日
アジア・太平洋戦線の	に天皇が終戦を国民に放送で伝えるに至った結果、アジア・
終焉	太平洋戦線は終焉を迎えた。そして、1945 年 9 月 2 日に

同年 8 月 6 日には広島に原爆を投下した。他方で、1945 年 8 月 8 日にはソ連が日ソ中立条約の破棄を通告して参戦し、ソ連軍が中国東北部や朝鮮、樺太、千島に侵攻した。その後、アメリカ軍は 1945 年 8 月 9 日には長崎に原爆を投下し、日本の降伏は時間の問題となった。最終的には、日本は 1945 年 8 月 14 日に無条件降伏を決定し、翌 15 日に天皇が終戦を国民に放送で伝えるに至った結果、アジア・太平洋戦線は終焉を迎えた。そして、1945 年 9 月 2 日に日本が降伏文書に調印したことにより、日中戦争や太平洋戦争、さらには第二次世界大戦が連合国の勝利により正式に終結したのである。

＊　＊　＊

参考文献

・木村靖二、岩本美緒、小松久男、油井大三郎、青木康、水島司、
　橋場弦、佐藤次高、株式会社山川出版社（2019）『詳説世界
　史』（改訂版）山川出版社。

学習案内

20 世紀初めから 20 世紀半ばにかけての国際関係史に関しては、高校における世界史の教科書や用語集のほかに、以下が参考となる。

・木村靖二（2014）『第一次世界大戦』筑摩書房。
・斉藤孝（2015）『戦間期国際政治史』岩波書店。
・滝田賢治（2022）『国際政治史講義——20 世紀国際政治の軌跡』
　有信堂高文社の第 1 章、第 2 章、第 3 章。

第4章
国際関係史③──20世紀半ばから現代まで

1. 冷戦の勃発・展開・終焉

　第二次世界大戦においては、連合国側に共に属していたアメリカとソ連が戦後対立することにより、冷戦が勃発した。そこで、第二次世界大戦半ば以降の連合国の動きから説明したい。連合国は1943年11月のカイロ会談において、対日処理方針を定めたカイロ宣言を発表した。また、連合国は1943年11月から12月にかけてのテヘラン会談において、ドイツに対する共同作戦を決定し、翌年6月に「ノルマンディー上陸作戦」を実施した。1945年に入ると、連合国は2月のヤルタ会談において、ヤルタ協定を締結して枢軸国の戦後処理などで合意したのみならず、同秘密協定においてソ連の対日参戦について合意した（ソ連は8月8日に参戦）。その後、連合国は1945年4月から6月にかけてのサンフランシスコ会議において、国際連合（国連）憲章に関して合意し、7月から8月にかけてのポツダム会談では、日本に無条件降伏を要求するポツダム宣言を7月26日に発表した。この結果、日本の敗北及び連合国の勝利がもたらされたのである。
　第二次世界大戦終結後の1945年10月には、51か国か

（左欄外）
カイロ宣言

テヘラン会談

ヤルタ協定

ソ連の対日参戦合意

サンフランシスコ会議

ポツダム宣言

ら成る国際政府組織（国際機関）として国連が正式に発足し、平和機構としての役割が期待された。しかしながら、戦争中は足並みを揃えていたアメリカとソ連は、この時期になると国際問題をめぐってしばしば対立するようになった。事実、ポーランド政府問題では、アメリカがロンドンの亡命政府を支持したのに対して、ソ連は共産党主導の政府を支持していた。また、ドイツ問題に関しては、アメリカ、イギリス、フランスはドイツの徹底的な弱体化を要求するソ連とは立場を異にしていた。アメリカとソ連の対立が深まるなかで、イギリス首相を退任したウィンストン・チャーチルは「鉄のカーテン」演説を 1946 年 3 月に行い、ソ連の東欧における勢力圏の形成政策を非難した。また、ハリー・S. トルーマン大統領は 1947 年 3 月の議会演説において、自国であるアメリカとソ連の対立を、自由主義対共産主義という二つのイデオロギーの全面対立と見なし、ソ連の膨張に対しては軍事力を用いて対抗する意向を表明した。このトルーマン演説はソ連に対する「封じ込め政策」の開始であり、冷戦の開幕を告げる出来事であった、と見なされている。

　冷戦期において、アメリカとソ連は直接戦火を交えずとも、軍事力、経済力、イデオロギーの優劣を熾烈に競い合った。アメリカとソ連は世界各地で勢力圏拡大を目指し、その過程でアメリカとソ連各々を筆頭とする同盟や、アメリカ・ソ連間の代理紛争（戦争や内戦）、さらには分断国家が発生することになった。同盟に関しては、北大西洋条約機構（NATO）が 1949 年に結成されたのに対して、ワルシャワ条約機構（東ヨーロッパ相互援助条約）が 1955 年に結成

（左段の見出し）
国連の発足

「鉄のカーテン」演説

「封じ込め政策」
冷戦の開幕

アメリカ・ソ連間の代理紛争

北大西洋条約機構（NATO）対ワルシャワ条約機構（東ヨーロッパ相互援助条約）

地図5　冷戦期における主な同盟

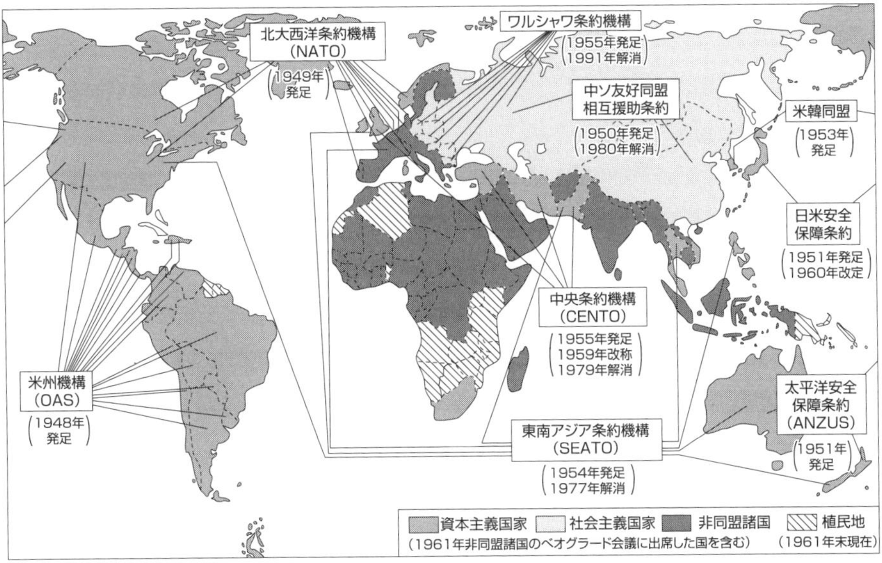

[出典] 岸本ほか（2019 : 385）を元に作成。

朝鮮戦争

ベトナム戦争

アフガニスタン内戦

された（同条約機構はソ連の解体が進むなかで1991年に解散した)。次に、紛争に関しては、1950年から1953年にかけての朝鮮戦争において、アメリカ軍が大韓民国を支援したのに対して、中国人民義勇軍が朝鮮民主主義人民共和国を支援した（1953年の休戦協定により、朝鮮における国家の分断が現在に至るまで固定化されているのは周知のとおりである)。また、1960年から1975年にかけてのベトナム戦争においては、アメリカ軍がベトナム共和国を支援したのに対して、中国人民解放軍がベトナム民主共和国を支援し、1976年の南北統一により、ベトナム社会主義共和国が成立した。そして、1979年から1989年にかけてのアフガニスタン内戦においては、ソ連軍が社会主義政権を支援した反面、アメ

リカ軍は反ソ（反共）ゲリラ勢力を支援した。最後に、分断国家に関しては、朝鮮やベトナム以外に、ドイツが分断国家になった。すなわち、ドイツ連邦共和国（西ドイツ）が1949年5月に樹立されたのに続いて、ドイツ民主共和国（東ドイツ）が同年10月に樹立されたのである。

アメリカとソ連の激しい対立はまた、国連の機能不全をもたらすことになった。それは、総会を上まわる権限と責任をもつ安全保障理事会（安保理）の常任理事国（アメリカ、イギリス、フランス、ソ連、中国）が拒否権をもっているからであった。この結果、安保理決議の成立は非常に困難となり、国連は当初想定されていたような平和機構としての役割を充分に果たすことが出来なくなったのである。

その後、アメリカとソ連は1970年代に核軍縮などを通じて、緊張緩和（デタント）を推し進めた。しかしながら、ソ連がアフガニスタン国内の政権対立に乗じて1979年12月に軍事侵攻した結果、アメリカとソ連の関係はこれまでになく悪化したものの、この出来事は冷戦終焉に向けた動きを準備することになった。それは、アメリカが軍事力をさらに強化するなかで、ソ連が技術力と資金力で対抗できないことが明らかになったからである。また、アフガニスタン内戦がソ連にとって経済的にも重荷になり、1989年2月にはソ連軍が同国から撤退した。こうしたなかで、ソ連のミハイル・ゴルバチョフ書記長がアメリカとの協調や軍縮などをその内容とする「新思考外交」を展開し、1989年12月にはアメリカ及びソ連の首脳がマルタ会談にて冷戦の終結を宣言した。1990年10月には東西ドイツが統一され、翌年12月にソ連が消滅した結果、冷戦はまさしく

［欄外注記］

ドイツ連邦共和国（西ドイツ）とドイツ民主共和国（東ドイツ）

国連安全保障理事会
常任理事国
拒否権

緊張緩和（デタント）

「新思考外交」

マルタ会談、冷戦終結

東西ドイツ統一

ソ連消滅

終焉を迎えたのである。

　以上、第二次世界大戦後の国際関係について冷戦の展開を軸に説明してきたが、同時期の重要な動きとして、植民地の独立を忘れてはならない。第二次世界大戦により、イギリスやフランスなどのヨーロッパ諸国のパワーが衰退するなかで、アジアやアフリカなどの植民地が独立闘争などを経て独立するに至った。この結果、主権国家が地球大に形成され、またその数が増加することになったのである。冷戦期においてこうした諸国はアメリカ、ソ連どちらかの陣営に組み込まれるか、もしくは中立かつ自立路線を採用し、第三勢力を形成した。第三勢力側の目立った動きとしては、1955年に開催されたアジア＝アフリカ会議（バンドン会議）や、1961年以降から現在に至るまで開催されている非同盟諸国首脳会議を挙げておきたい。

2. ポスト冷戦期の動向

　冷戦が終焉を迎えてポスト冷戦期に入ると、アメリカによる一極支配の世界が出現した。その一つの表れとして、国連安保理決議の成立が容易になったことを挙げられる。マルタ会談にて冷戦の終結が宣言された翌年の1990年8月に、イラク軍がクウェートに侵攻し、湾岸危機が勃発した。その後、1990年11月には、イラク軍が翌年1月15日までにクウェートから撤退しない場合には、国連加盟国による対イラク武力攻撃を容認する、という内容の安保理決議が、アメリカ主導により成立したのである。結局のところ、イラク軍は1991年1月15日までにクウェートから

冷戦の終焉

植民地の独立闘争

アジア＝アフリカ会議
（バンドン会議）

非同盟諸国首脳会議

アメリカによる一極支配

イラク軍のクウェート
侵攻、湾岸危機

撤退せず、アメリカ軍を中心とする多国籍軍は即座に対イラク攻撃を開始し、湾岸戦争が勃発するに至った。多国籍軍が1991年2月にクウェートを解放した後に停戦が発効し、湾岸戦争は短期間で終わった。

アメリカによる一極支配の世界はまた、「反アメリカ」を掲げる政府や組織にとっては「冬の時代」を意味した。冷戦期であれば、これら政府や組織にはソ連という後ろ盾があり、同国を通じてアメリカに揺さぶりをかけることが可能な状況であったからである。さらに、ソ連という存在の消滅はアメリカに軍事行動の抑制を促す要因が減少したことを意味し、アメリカは2003年にイラク戦争を安保理決議なしで主導したのである。こうしたなかで、「反アメリカ」を掲げる組織のなかには、国際的な場における外交などの「合法的な」問題解決には期待をもつことが出来ないと考え、テロ活動に従事するものもある。アル゠カーイダが2001年9月11日の同時多発テロ事件を引き起こした背景には、このような国際政治的な要因も作用していたのである。

ただし、最近では、中国による軍事・経済面における国力増強により、アメリカによる一極支配の世界が揺らいでいる、との見方もある。また、「強いロシア」の復活を掲げているウラジーミル・プーチン大統領は、あからさまにアメリカに敵対するような対外政策をとっている。シリアにおいては、2011年以降にアメリカが反体制勢力及びクルド勢力を政治・軍事的に支援するのに対して、ロシアはバッシャール・アサド政権を政治・軍事的に支援している。そして、ウクライナに関しては、同国の欧州連合（EU）及

（左欄外の語注）

多国籍軍
湾岸戦争

アメリカがイラク戦争を安保理決議なしで主導

アル゠カーイダ
同時多発テロ事件

「強いロシア」

び北大西洋協約機構（NATO）加盟などに関して、アメリカとロシアが対立するなかで、ロシアは遂に2022年2月にウクライナ軍事侵攻に踏み切ったのである。

さらに、国際経済面に関しては、国際政治面よりも一層の多極化の様相を呈している。従来の経済大国（欧米諸国や日本など）の相対的な地位低下と相反する形で、アジアや中東、南米における諸国の経済的台頭が目立っている。アジアに関しては中国や韓国、東南アジア諸国連合（ASE-AN）諸国、インドなどである。また、中東に関してはアラブ首長国連邦（UAE）やトルコなどであり、南米に関してはブラジルなどとなっている。

＊　＊　＊

参考文献

・岸本美緒、羽田正、久保文明、南川高志、小田中直樹、勝田俊輔、千葉敏之、株式会社山川出版社（2019）『新世界史』（改訂版）山川出版社。

学習案内

20世紀半ばから現代にかけての国際関係史に関しては、高校における世界史の教科書や用語集のほかに、以下が参考となる。

・有賀貞（2019）『現代国際関係史——1945年から21世紀初頭まで』東京大学出版会。
・ヴァイス、モーリス（2018）『戦後国際関係史——二極化世界から混迷の時代へ』（細谷雄一、宮下雄一郎監訳）慶應義塾大学出版会。
・森聡、福田円編著（2022）『入門講義　戦後国際政治史』慶應義塾大学出版会。

(marginal notes)
ウクライナ軍事侵攻

従来の経済大国の相対的な地位低下

アジアや中東、南米における諸国の経済的台頭

第Ⅱ部
国際関係理論の検討

第5章
国際関係理論を学ぶ意義

1. 国際関係理論とは何か

　国際関係には政府、非政府主体、国際組織といった多様な具体的な主体（actor: アクター）が多数参画しており、これら主体間には様々な争点（パワー、領土、資源、市場、ルールなど）が存在している。対立と協調、支配と被支配の関係に象徴される国際関係を「演劇」と設定している本書においては、演劇理論が演劇を説明するのに有用であることに倣って、国際関係理論が国際関係を説明するのに有用である、との立場をとっている。

主体（アクター）間の様々な争点（パワー、領土、資源、市場、ルールなど）

　そこで、最初に演劇理論について考えてみたい。演劇をどう解釈するか、あるいはどう見るべきかを提示するのが演劇理論である。そして、演劇理論が理論家によりその内容が異なるように、国際関係をどう解釈するか、あるいはどう見るべきかを提示する国際関係理論も理論家によりその内容は異なるのであり、ゆえに多様な理論が存在するのである。

　さて、演劇が展開されるには、出来事（結果）を生み出す要因（原因）が存在する。そこで、国際関係理論は原因と結果の解釈や見方を提示する演劇理論と同じ役割を担

出来事（結果）を生み出す要因（原因）

国際関係理論は、国際
関係の出来事に関係が
ありそうな要因をある
程度単純化して結び付
け（因果関係）、体系
化したもの

国際関係理論を学ぶ第
一のメリット：理論を
知っておくと、時間の
節約になるうえに、見
落としが少なくなる

第二のメリット：複数
の理論から現実の出来
事にアプローチすれ
ば、その出来事を生み
出した要因に関する客
観的な説明を得ること
ができる

っており、国際関係の出来事（結果、すなわち従属変数）に
関係がありそうな要因（原因、すなわち独立変数）をある程
度単純化して結び付け（因果関係）、体系化したものである。
なお、「変数」という言葉を聞くだけで拒否反応を示す人
は今後、従属変数は結果、独立変数は原因、といったように
即座に脳内変換すると良いであろう。

2. 国際関係理論の存在意義

　それでは、国際関係理論を学ぶメリットは何であろう
か。第一に、理論を知っておくと、時間の節約になるうえ
に、見落としが少なくなる点を指摘しておきたい。理論を
知らないと、国際関係における現実の出来事を理解する
際に、どのような要因が影響しているのかを自分の頭で最
初から考えなければならなくなる。しかしながら、理論は
要因を考える際の「ヒント」を与えてくれるので、因果関
係を見出す手間を省くことを可能にさせるのみならず、重
要な要因を見落としてしまう可能性を減じさせるであろう。
このことは、国際関係が複雑さを増せば増すほど、理論の
有効性が高まる、ということをも意味する。第二に、複数
の理論から国際関係における現実の出来事にアプローチ
すれば、その出来事を生み出した要因に関する客観的な
説明を得ることができる。なぜならば、異なった理論は現
実の出来事に関して、異なった要因を指摘しているからで
ある。さらに、自らの価値観や経験に依拠した直観に頼る
と、どうしても独善的な解釈や見方に陥る傾向にあること
から、複数の理論を学んでおくと、因果関係をバランスよ

く理解することが可能なのである。

　このように、国際関係理論を学ぶことには意義があるものの、理論に完璧性を求めることは不可能であることを指摘しておきたい。なぜならば、理論はこれまでの出来事をベースに構築されていることから、完全に同一な出来事が発生しない社会科学の領域（国際関係も含まれる）においては、既存の理論では全く説明できない、あるいは充分に説明できない出来事が日常的に発生しているからである。ゆえに、「理論は無意味」という見解が出てくるのを否定することは難しいものの、上記二つのメリットはその欠点を凌駕するものである、と考えられないであろうか。

　なお、ある出来事を考察することにより、既存の理論の欠点（既存の理論では充分に説明できない、もしくは全く説明できない）が明らかになった時こそ、既存の理論の改変や新たな理論の創出を行うチャンスである点を指摘しておきたい。事実、理論が現実との接点をもたない非現実的なものとならないように、多くの理論家は現実の出来事に関心を寄せ、理論を進化させてきたのである（理論の進化）。

　最後に、理論は難しい、といった、多くの人が抱いていると思われる見方に対してコメントしておきたい。理論は単純化するならば、出来事（結果、つまり従属変数）をもたらした要因（原因、つまり独立変数）、すなわち因果関係を考察して説明するプロセスであり、大多数の人はこうしたプロセスを意識的もしくは無意識的にせよ、日常的に踏んでいるのである。例えば、今日のランチが良くなかった、という結果をもたらした原因について、食後に振り返ったことがある人は多いのではなかろうか。その際には、お店選

理論に完璧性を求めることは不可能

社会科学の領域では完全に同一な出来事が発生しない

既存の理論の改変や新たな理論の創出を行うチャンス

理論の進化

びの失敗、メニュー選択の失敗、座席選択の失敗、コスパの悪さ、といった原因のいずれか、あるいは全てについて考えていることであろう。

3. 国際関係理論の構築方法

それでは、国際関係理論の存在意義に関しては、ある程度納得してもらったと仮定したうえで、国際関係理論は実際にどのようにして構築される（作られる）のであろうか。本書で扱う国際関係理論は様々であるが、それらが構築された方法は演繹法（deduction）もしくは帰納法（induction）のいずれかに依拠しているのである。そこで、国際関係理論をも含む理論の一般的な構築方法を以下で簡単に説明する。

演繹法は既存の理論から複数の仮説（分かりにくいならば、予測と言い換えても良い）を導き出し、これらの仮説を複数の現実の出来事に照らして検証する方法である。仮説と現実の出来事を比較することで、仮説が現実を説明できるか否か、結論が導かれるのである。そして、このような作業は既存の理論の妥当性について示唆を与えるのみならず、既存の理論の改変や新たな理論の創出を行うこともある。反対に、帰納法は複数の現実の出来事の観察に基づいて、既存の理論の妥当性について示唆を得るのみならず、既存の理論の改変や新たな理論の創出を行う方法である。

このように説明すると難しく感じる人もいるので、ここからは身近な出来事（季節とおでんの売れ行き）を題材に簡

演繹法と帰納法

演繹法：既存の理論から複数の仮説を導き出し、これらの仮説を複数の現実の出来事に照らして検証する方法であり、既存の理論の妥当性について示唆を与えるのみならず、既存の理論の改変や新たな理論の創出を行う

帰納法：複数の現実の出来事の観察に基づいて、既存の理論の妥当性について示唆を得るのみならず、既存の理論の改変や新たな理論の創出を行う方法

単な実践をしてみよう。最初は、帰納法である。「今年の冬に（も）おでんが売れた」、「去年の冬に（も）おでんが売れた」、「一昨年の冬に（も）おでんが売れた」いう複数の現実の出来事が発生したとしよう。この場合は帰納法により、「冬におでんが売れる」という理論が既に存在していた場合には、この既存の理論（「冬におでんが売れる」）の妥当性を高めることになるほか、季節とおでんの売れ行きとの因果関係に関する既存の理論が存在していなかった場合には、新たな理論（「冬におでんが売れる」）が創出されるのである。また、「今年の夏に（も）おでんが売れた」、「去年の夏に（も）おでんが売れた」、「一昨年の夏に（も）おでんが売れた」という複数の現実の出来事が発生したとしよう。この場合は帰納法により、「冬におでんが売れる」という理論が既に存在していた場合には、この既存の理論（「冬におでんが売れる」）が「冬と夏におでんが売れる」に改変されるほか、季節とおでんの売れ行きとの因果関係に関する既存の理論が存在していなかった場合には、新たな理論（「夏におでんが売れる」）が創出されるのである。

　次に、演繹法である。既存の理論（「冬におでんが売れる」）から演繹法により、「今年の冬に（も）おでんが売れるだろう」、「来年の冬に（も）おでんが売れるだろう」、「再来年の冬に（も）おでんが売れるだろう」という複数の仮説を最初に導き出す。そのうえで、これらの仮説と現実の出来事を比較し、仮説が現実を説明できる（「今年の冬に［も］おでんが売れた」、「来年の冬に［も］おでんが売れた」、「再来年の冬に［も］おでんが売れた」）ならば、「冬におでんが売れる」という既存の理論は妥当性を高めるのである。しかしなが

仮説が現実を説明できるならば、既存の理論は妥当性を高める

ら、反対に仮説が現実を説明できない（「今年の冬に［も］お
でんが売れなかった」、「来年の冬に［も］おでんが売れなかった」、「再
来年の冬に［も］おでんが売れなかった」）ならば、既存の理論
（「冬におでんが売れる」）の妥当性は低くなり、既存の理論の
改変や新たな理論の創出を行う（今回のケースでは、改変並
びに創出共に「冬におでんが売れない」になる）必要性が出てく
るのである。

4. 良い国際関係理論の判断基準

最後に、国際関係理論の良し悪しについて判断する基
準について考えてみたい。これは、既存の国際関係理論
を学習する時のみならず、既存の理論の改変や新たな理
論の創出を行う際にも関わってくることである。

ここで、現実の国際関係においては出来事（結果、つまり
従属変数）と要因（原因、つまり独立変数）の関係は複雑なこ
とが多い（すなわち、「現実は理論で言うほど単純ではない」）、と
いうことを最初に指摘しておきたい。こうしたなかで、国
際関係理論は国際関係の出来事に影響がありそうな要因
をある程度単純化して結び付け（因果関係）、体系化したも
のであることから、独立変数が何であるのか、そして従属
変数が何であるのか、それぞれ明白なことが良い理論の
第一の基準である。このことは、ある出来事に関して、ど
のような独立変数が新たに提示された場合に、既存の理
論の妥当性が低くなるのかという反証可能性の問題とも関
連しており、ゆえに既存の理論の改変や新たな理論の創
出を行うといったような、理論の進化の点からも重要なの

第二の基準：原因について、確固たる証拠に基づいて指摘

第三の基準：独立変数の数が妥当

第四の基準：重要な現象を説明

である。第二の基準としては、結果をもたらした原因について、確固たる証拠に基づいて指摘していることである。証拠による裏付けが不十分なまま構築された理論は、単なる思い付きや空想の産物にすぎない。第三の基準としては、ある出来事をもたらした要因をあまりにも多く指摘している理論は、結局のところ因果関係について何を言いたいのか不明確であることから、独立変数の数が妥当なことである。その数を具体的に指摘することは不可能であるものの、重要な要因に焦点を当てつつも、些末な要因については捨象するという特徴を良い理論はもっている。第四の基準としては、吉川（2015: 8）が指摘するように、「重要な現象を説明するものである」。国際関係において何が重要な現象であるのかを判断する客観的な基準は存在しないものの、世界的な注目を浴びている現象はこれまでに存在してきたし、今後も存在するであろう。本書では、良い国際関係理論の判断基準を4つ指摘したが、他にも存在するのかどうか、各自で考えてみるのも面白いだろう。

＊　＊　＊

参考文献

・吉川直人（2015）「国際関係理論の構図」吉川直人、野口和彦編『国際関係理論』（第2版）勁草書房。

学習案内

　国際関係理論の存在意義や構築方法、良し悪しの判断基準を考える際には、上記の参考文献のほかに、以下が参考になる。

・石井貫太郎（1993）『現代国際政治理論』ミネルヴァ書房の第1
　章。
・ヴァン・エヴェラ、スティーヴン（2009）『政治学のリサーチメソ
　ッド』（野口和彦、渡辺紫及訳）勁草書房の第1章。
・Devetak, Richard and Jacqui True (2022) 'Introduction', in Richard
　Devetak and Jacqui True, eds., *Theories of International Relations*
　(6th edition), London, New York, and Dublin: Bloomsbury Academic.

第6章
現実主義①──起源、全体的概要、安全保障論、個別理論の名称

1. 現実主義の起源──理論の歴史的背景

現実主義の歴史的起源：トゥキディデス、マキァヴェリ、ホッブズ

　現実主義（realism）と呼ばれる国際関係理論は主として、トゥキディデス（Thukydides）、ニッコロ・マキァヴェリ（Niccolo Machiavelli）、トマス・ホッブズ（Thomas Hobbes）などに、その歴史的な起源をもっている。すなわち、これら３人が現実主義に影響を与えた代表的な歴史的人物と言える。

トゥキディデス『戦史』

　トゥキディデスは古代ギリシアの歴史家であり、『戦史』を執筆した。そのなかで、ペロポネソス戦争（前431–前404年）を事例に、戦争に至った要因としてバランス・オブ・パワー（balance of power: 勢力均衡）の崩壊を指摘したのである（なお、バランス・オブ・パワーという概念は現実主義における重要な概念である）。すなわち、アテネとスパルタという二つの都市国家間において、アテネのパワー増大に危機感を覚えたスパルタが開戦した、というのである。また、「メーロス島民との対話」を例に、国際関係においてはパワーが道義に優先されることにも言及している（ちなみに、現実主義はパワーの論理が国際関係を支配している、と見なしている）。ア

テネが強大なパワーを基盤にしてメーロスに降伏を要求したことに対し、メーロス側は道義に訴えて敵扱いしないように要求したものの、アテネはその要求を最終的に拒絶し、武力でメーロスを征服したのであった。

マキャヴェリ『君主論』

マキャヴェリはルネッサンス期イタリアのフィレンツェの政治家かつ思想家であり、『君主論』（原書1532）を著した。母国であるイタリアが小国乱立の状況にあり、対外勢力の侵略に苦しむ状況において、国家存続のための方策を提示したのである。その際に、国家安全保障を実現するためには、君主はパワーに基づく政治を展開すべきであり、非道徳的な方策をとることも許される、とした（既述のとおり、現実主義はパワーの論理に重きを置いている）。

ホッブズ『リヴァイアサン』

ホッブズはイギリスの哲学者かつ政治学者であり、『リヴァイアサン』（原書初版1651）を著した。人間の本性は悪であり、また人間が権力欲をもつ生き物であることから、こうした人間集団間に秩序を打ち立てるためには、強力な絶対権力である「リヴァイアサン」（『旧約聖書』に登場する怪物）が必要とした。また、国際関係には絶対権力がないので、「万人の万人に対する闘争」が生じやすい、と指摘した（ちなみに、現実主義は国際関係において対立関係が常態化している、と見なしている）。

以上述べてきたように、トゥキディデス、マキャヴェリ、ホッブズはいずれも、安全保障的な側面に焦点を当てている。現実主義がこのような歴史的背景をもっているがゆえに、同理論は基本的に、安全保障論の理論となっているのである。

現実主義は基本的に、安全保障論の理論

2. 現実主義の全体的概要

　現実主義の全体像を提示すると以下のようになる。国家を取り巻く対外環境、つまり国際構造は法を強制的に執行できる絶対権力機関であるところの中央政府（世界政府）を欠いているために、アナーキー（anarchy: 無政府状態）である。ゆえに、政府は制約なく自由に対外行動をとることができるので、国家間の関係は基本的には対立的な様相を帯びることになる。国際関係に悲観的な理論であるがゆえに、国家の最大の目標は生き残ることであり、各国の政府はそのためにパワー（とりわけ軍事力やその基盤となる経済力や技術力）を追求する政策をとる。その結果、国際関係はパワー・ポリティックス（power politics: 権力政治）の様相を帯びることになり、国家間の権力闘争があらゆる国際事象に現れるのである。

　なお、国家間のパワー・ポリティックスの代表例である外交や戦争という事象は、各国の政府によって国家の名（国家を代表する形）で対外的に遂行されるものである。そこで、現実主義はこうした点に注目し、具体的な主体（actor: アクター）に関しても政府ではなく国家という用語の方を用いることが多く、現実主義が「国家中心主義」と言われる所以にもなっている。その反面、政府以外の具体的な主体（非政府主体や国際組織）の動きは国際関係においてさほど重要ではない、という見方を現実主義はとっている。

現実主義の全体像：
・国際構造がアナーキー（無政府状態）であるがゆえに、政府は国家の生き残りをかけてパワーを追求し、国際関係はパワー・ポリティックスの様相を帯びる
・「国家中心主義」
・政府以外の主体の動きを重要視しない

3. 現実主義に基づく安全保障論

　国際関係においてパワー・ポリティックスが展開される状況では、各国の政府は国家安全保障の追求に重きを置くことから、安全保障は現実主義の研究対象となってきた側面が強く、そこではパワーが果たす役割が注目されることになった。そこで、現実主義を構成している個別理論の検討に入る前に、現実主義に基づく安全保障論を概観しておくことにする。

　「安全保障とは、客観的には、獲得された価値に対する脅威の不在、主観的には、獲得された価値が攻撃される恐怖の不在」（Wolfers 1962: 150）である。このことを前提としたうえで、現実主義に基づく安全保障論は国家安全保障を維持、あるいは達成するための具体的な政策手段として自立（自強とも言う）、バランス・オブ・パワー、バンドワゴン、そして同盟を主に想定している。

　最初に、自立（自強）に関して説明する。国際構造がアナーキーであることは、法を強制的に執行できる中央政府（世界政府）が存在していないことから、国家安全保障の危機に直面した政府は上位の機関に頼れることができないうえに、他国の政府に支援を強制できない、という状況である。ゆえに、政府は自助（self-help: セルフ・ヘルプ）で国家安全保障を維持、あるいは達成することを常に考慮する必要があり、自らのパワー（とりわけ軍事力やその基盤となる経済力や技術力）を増強させなければならない。また、国家には、「自国に対する武力攻撃に自ら反撃する権利」（宮岡 2020: 25）である個別的自衛権が国際法（慣習法）で認めら

「安全保障とは、客観的には、獲得された価値に対する脅威の不在、主観的には、獲得された価値が攻撃される恐怖の不在」

自立（自強）

中央政府（世界政府）が存在しないことから、政府は自助（セルフ・ヘルプ）で国家安全保障の維持・達成を考慮する必要があり、自らのパワーを増強させなければならない

個別的自衛権

れていることから、政府がパワーを追求することは国際法的にも正当な行為とされている。

しかしながら、こうした自立（自強）政策はコストがかかるものであり、自立（自強）のみで国家安全保障を維持、あるいは達成できるのは、一部の大国の政府に限られるのが実情である。なお、各国の政府による自立（自強）政策は防衛的な意図によって実施されるものであるが、他国の政府が自らの国家安全保障に不安を覚えてパワーの増強を行うならば、結局のところ国家安全保障は維持、あるいは達成されないことになり、「安全保障のジレンマ」と呼ばれる状況が生じてしまうのである。

自立（自強）政策はコストがかかり、それが可能なのは一部の大国の政府のみ

「安全保障のジレンマ」

バランス・オブ・パワー

バランス・オブ・パワーに関しては、ナイ・ウェルチ（2017［原書初版 1993］: 107-115）は4つの異なった用法、すなわち、「パワーの分布としてのバランス」、「政策としてのバランス・オブ・パワー」、「理論としてのバランス・オブ・パワー」、「歴史的多極システムとしてのバランス・オブ・パワー」が存在していることを指摘している。そのことを踏まえると、ここでは「政策としてのバランス・オブ・パワー」について検討することになる。それは、「意図的にバランスをとるという政策」（ナイ・ウェルチ 2017: 110）であり、政府は弱そうな、あるいは負けそうな側を支援することから、「負け犬（underdog: アンダードッグ）」を助ける政策を実施することになる。すなわち、政府はあまりにも強いパワーを有する国家が出現することにより、自国の安全保障を維持、あるいは達成できなくことを恐れて、「弱者救済」に乗り出し、「強国」のパワーを協力して封じ込めるのである。これに対して、「勝ち犬（top dog: トップドッグ）」を助ける

「負け犬（アンダードッグ）」を助ける政策

政策はバンドワゴン（bandwagon: 勝ち馬に乗る）と呼ばれている。政府は強い国家に追随することにより、自国の安全保障の維持、あるいは達成を目指すのである。

バランス・オブ・パワーとバンドワゴンの違いについて、理解が難しければ、『ドラえもん』のシーンを思い出してもらいたい。ここでは、ドラえもん、のび太、ジャイアン、スネ夫に登場人物を絞ったうえで、ジャイアンがのび太をいじめているシーンを思い浮かべて欲しい。この時に、ドラえもんは「勝ち犬」であるジャイアンを助けずに、「負け犬」であるのび太を助けているので、政策としてバランス・オブ・パワーを実施している、と言える。他方で、スネ夫は「勝ち犬」であるジャイアンを助けていることが多いので、政策としてバンドワゴンを実施している、と見なせるのである。

同盟とは、「締約国以外の国家に対して、特定された状況において、武力の行使（もしくは不行使）を目的とする正式の諸国の連合」（Snyder 1997: 4）である。「特定された状況とは、各締約国が他の締約国の救援のために武力を用いる事態、すなわち条約該当事由」（鈴木 2007: 45）であり、敵対国の脅威に対して「共同で対抗していくための規則、規範、手続きを包含する『排他的な国際制度』」（鈴木 2007: 77）が同盟である。すなわち、同盟は他国のパワーを利用して、自国の安全保障を維持、あるいは達成できるように、予め取り決めをしておく制度である。代表例としては、多国間同盟の北大西洋条約機構（NATO）や、二国間同盟の日米安全保障条約をあげることができる。同盟は多くの場合に、条約に基づく公式な提携であり、個別的自衛権と集

「勝ち犬（トップドッグ）」を助ける政策＝バンドワゴン（勝ち馬に乗る）

「負け犬」のび太を助ける（＝バランス・オブ・パワー）ドラえもん、「勝ち犬」ジャイアンを助ける（バンドワゴン）スネ夫

同盟は他国のパワーを利用して、自国の安全保障の維持・達成を実現できるよう、予め取り決めをしておく制度

団的自衛権が国連憲章第 51 条に規定されていることから、「本来、主権国家が有するとされる個別的自衛権と集団的自衛権を［法的、すなわち国際法的な］根拠」（鈴木 2007: 45）として形成されるのである。なお、集団的自衛権とは「自国が直接攻撃されていなくても、自国と密接な関係にある他国が攻撃されたとき、これを助ける」（村田 2015: 115）ことである。

さて、同盟には、同盟を形成する、もしくは形成したことに起因する不安であるところの、「同盟のジレンマ」が付きまとっていることに留意する必要がある。なぜならば、同盟の共同防衛義務を締約国の政府に強制可能な世界政府が存在しない状況では、共同防衛義務を実際に履行するかどうかの決定権は各国の政府が握っているからである。ゆえに、締約国の政府の義務不履行により、助けを期待していた国の政府が見捨てられるという事態が生じる可能性が存在し、「捨てられる恐怖」に締約国の政府は直面する。その反面、見捨てられないように、同盟に深く関わるようになると、自国の利害とは異なる同盟国の事態に不本意に巻き込まれる可能性が存在し、「巻き込まれる恐怖」に締約国の政府は直面する。したがって、「捨てられる恐怖」と「巻き込まれる恐怖」は「二律背反の関係にあるため、両方を制御することはきわめて困難」（鈴木 2007: 58）であると言え、国家安全保障の維持、あるいは達成のために「適度な同盟関係を維持するのは、至難の業なのである」（村田 2015: 117）。

集団的自衛権

「同盟のジレンマ」：「捨てられる恐怖」と「巻き込まれる恐怖」

4. 現実主義を構成する個別理論の名称

　これまで、現実主義と呼ばれる理論の全体像を提示してきた。しかしながら、現実主義という単一理論が存在しているわけではないので、現実主義は総称であると言え、実際には複数の個別理論から構成されている。本書においては、古典的現実主義（classical realism）、新現実主義（neo-realism）、防御的現実主義（defensive realism）、攻撃的現実主義（offensive realism）、新古典的現実主義（neo-classical realism）、複合的現実主義（complex realism）について検討する。このうち、古典的現実主義から新古典的現実主義までの５つの個別理論は、現実主義を構成する主要理論とされている。その反面、複合的現実主義はその意味するところが研究者によって異なるうえに、主要理論ではないものの、現代の国際情勢を理論的に分析する際に有用であることから、本書では扱うことにした。

現実主義という単一理論が存在しているわけではない

＊　　＊　　＊

参考文献

・鈴木基史（2007）『平和と安全保障』東京大学出版会。
・トゥーキュディデース（1966:［上］・［中］、1967:［下］）『戦史』（久保正顕訳）岩波書店。
・ナイ、ジョセフ・S. ジュニア、デイヴィッド・A. ウェルチ（2017）『国際紛争——理論と歴史』（原書第 10 版、田中明彦、村田晃嗣訳）有斐閣。
・ホッブズ（1954:［1］、1964:［2］、1982:［3］、1985:［4］）『リヴァイアサン』（水田洋訳）岩波書店。

・マキアヴェッリ（1998）『君主論』（河島英昭訳）岩波書店。
・宮岡勲（2020）『入門講義　安全保障論』慶應義塾大学出版会。
・村田晃嗣（2015）「安全保障——勢力均衡と同盟」村田晃嗣、君
　　塚直隆、石川卓、来栖薫子、秋山信将『国際政治学をつかむ』
　　（新版）有斐閣。
・Snyder, Glenn H. (1997) *Alliance Politics*, Ithaca, NY and London:
　　Cornell University Press.
・Wolfers, Arnold (1962) *Discord and Collaboration: Essays on Inter-*
　　national Politics, Baltimore, MD and London: The Johns Hopkins
　　University Press.

学習案内

　現実主義理論の全体像をとらえる際には、上記の参考文献のほか
に、以下が参考になる。
・石川卓（2015）「パワーと国益」村田晃嗣、君塚直隆、石川卓、
　　来栖薫子、秋山信将『国際政治学をつかむ』（新版）有斐閣。
・野口和彦（2015）「リアリズム」吉川直人、野口和彦編『国際関
　　係理論』（第 2 版）勁草書房。
・山田高敬（2011）「リアリズム」山田高敬、大矢根聡『グローバ
　　ル社会の国際関係論』（新版）有斐閣。

第7章
現実主義②──古典的現実主義、新現実主義、防御的現実主義

1. 古典的現実主義（classical realism）

古典的現実主義：人間の権力欲から国家間で権力闘争が生じ、戦争を引き起こす、という理論

　古典的現実主義は一言で述べるならば、人間が権力欲をもっているから国家間で権力闘争が生じ、場合によっては戦争を引き起こす、という理論である。権力欲をもっている人間によって動かされている政府がパワーを追求するのは当然であり、それは対外的にも当てはまる、と考えるのである。代表的な理論家は E. H. カー（E. H. Carr: 古典的現実主義の礎を築いたイギリスの歴史家・外交官）と、ハンス・J. モーゲンソー（Hans J. Morgenthau: 古典的現実主義を体系化したドイツ系アメリカ人国際政治学者）である。ここでは、各々の代表的な著作に依拠しながら、その理論内容を説明することにしよう。

カー『危機の二十年』

古典的自由主義を「夢想主義」として批判

　カーは『危機の二十年』（原書初版 1939）において、古典的自由主義(classical liberalism、idealism[理想主義]とも言われる)を批判した。すなわち、古典的自由主義が国際連盟（1920年発足）や不戦条約（1928年締結）などにより、戦争の違法化を通じての平和の実現が可能と考えたことを、「夢想主義」(utopianism) と呼び、国際政治の現実を無視している、

と見なしたのである。カーによれば、道義（上述のケースでは平和）を体現した国際政府組織や国際法が効力をもつためには、各国の政府を従わせるだけのパワーが必要であり、パワーを無視した平和構築の試みは無意味なのである。そして、国際関係で発生する諸事象は国家間のパワー・ポリティックス（power politics: 権力政治）を反映したものであり、パワーこそが国際関係を動かす原動力とした。この背景には、カーが『危機の二十年』を執筆していた当時に、国民社会主義ドイツ労働者党（通称ナチ党）率いるドイツが、ヨーロッパで急速に勢力を拡大していたことがあった。なお、カーはパワーを軍事力、経済力、世論を支配する力から構成されるとし、とりわけ軍事力を重視したのである。

モーゲンソー『国際政治』

　モーゲンソーは『国際政治——権力と平和』（原書初版1948）において、人間のもつ権力欲ゆえに、政治はパワーをめぐる闘争となり、国際政治もその例外ではない、と主張した。ゆえに、国際関係はパワー・ポリティックスとなり、対立的な様相を帯びることになるのである。なお、モーゲンソーは現実主義を6つの原理にまとめたことから、古典

古典的現実主義の体系化

的現実主義の体系化を行った、と評されている。その6つの原理とは、①国際関係は権力欲をもつ人間というその本性に基づく客観的法則に支配されている、②パワー・ポリティックスが国際関係で展開される状況では、パワーを追求して国家生存を実現することが国家の利益、すなわち国益となり、それが政府関係者の行動指針となる、③利益こそ人間行動の支配原理であり、また政治行動を導くための永続的な基準である、④政治的結果は広範に影響を及ぼすので、道義に基づく政治行動をとる際には慎重に行い、

結果が望ましくないものとならないようにすることが求められる、⑤道義に関して言えば、特定の国家の道義と普遍的な道義は区別すべきであり、現実にはある国家にとっての道義であるものを普遍的な道義と混同すべきではなく、各国の政府はパワーを追求している、と判断するのが妥当である、⑥国際関係において、政府は道義よりもパワーに基づいた政策をとることが望ましい、である。

国力の構成要因

モーゲンソーは国家のパワー、すなわち国力に関しては、地理、天然資源、工業力、軍備、人口、国民性、国民の士気、外交の質、政府の質といった国内要因から構成され、これら諸要因が政府の対外行動に影響する、と見なした。モーゲンソーは諸国間の関係が対立的な様相を帯びることになると主張しつつも、国際関係が安定するための政策手段についても指摘している。それがバランス・オブ・パワー（balance of power: 勢力均衡）であり、対立する諸国間のパワーが釣り合っているならば、軍事行動は全国家の政府にとって割が合わなくなる（決着がつかず、コストがかかる）、と考えたのである。ゆえに、諸大国間のパワーが釣り合っており、いずれかの大国による圧倒的優位を阻止することは、国際平和を促進することになる、と見なすのである。

2. 新現実主義（neo-realism）

新現実主義の始祖であり、かつ代表的な理論家はケネス・N. ウォルツ（Kenneth N. Waltz）である。新現実主義は後述するように、防御的現実主義、攻撃的現実主義、新古典的現実主義に大きな影響を与えた理論である。

ウォルツは『国際政治の理論』（原書1979）において、「シ
ステムは、構造と相互作用するユニットから成り立ってい
る」（ウォルツ 2010: 105）と述べ、国際システムにおいては、
国際構造がユニット同士の関係に影響を及ぼしている、と
した。そこで、国際構造がアナーキー（anarchy: 無政府状態）
であるため、ユニットである国家の政府は生き残り、つま
り国家安全保障の実現という目的を達成するための手段と
して、パワー（とりわけ軍事力及びその基礎となる経済力並びに
技術力）を追求するのである。その結果、国家間の関係（国
際関係、ウォルツが言うところの国際システム）においてはパワ
ー・ポリティックスが展開され、対立的な様相を帯びるこ
とになる。なお、政府がパワーを追求するという点で、国
家は同一機能を果たす「類似したユニット」となるものの、
全ての政府が同一行動をとらない（とることができない）背
景には、国際システムにおいて国家間のパワーの格差を意
味する「能力の分布状況」が影響を与えていることがある。
こうしたなかで、自国が他国に対して少しでも有利に立て
るように、各国の政府は相対利得を追求し、相手を出し抜
くような行動をとるので、国家間協力は困難となるのであ
る。

　しかしながら、ウォルツは国際システムが安定する可能
性を全面的に否定しているわけではない。国家間における
パワーの格差が政府の異なった行動をもたらし、国家間の
関係に相違をもたらしている状況において、国際システム
が最も安定するのは2極システムである、と主張する。す
なわち、大国が2ヵ国に限定されている2極システムにお
いては、一方によるパワーの増強が他方に向けられている

ことが明白であるため、相手の意図に関する誤認が生じる可能性が低くなる、というのがその理由である。加えて、一方によるパワーの増強は必然的に他方によるパワーの増強を招き、「安全保障のジレンマ」と呼ばれる状況が生じるので、大国がパワーの極大化に慎重になる結果、大国間でバランス・オブ・パワーが生じ、国際システムがより安定的になる、と見なしたのである。

モーゲンソーとウォルツの理論の共通点及び相違点

　最後に、モーゲンソーとウォルツの理論の共通点及び相違点について、簡単にまとめてみよう。共通点は、大国間のバランス・オブ・パワーにより、国際関係が安定する、ということである。その反対に相違点は、国際関係においてパワー・ポリティックスが展開される要因として、モーゲンソーは人間の権力欲といった人間性に求めていることに対して、ウォルツは国際構造がアナーキーであることを重視していることである。

3. 防御的現実主義（defensive realism）

新現実主義から派生した防御的現実主義

　防御的現実主義はアナーキーな国際構造を前提としている点で、新現実主義から派生した理論である。主な理論家はチャールズ・L. グレイサー（Charles L. Glaser）、ロバート・ジャーヴィス（Robert Jervis）、マイケル・マスタンデュノ（Michael Mastanduno）である。最初に、グレイサーが自らの理論を 'contingent realism'（条件付現実主義）と名づけた（Glaser 1994/95: 52）ことや、ジャーヴィスの論文（Jervis 1977/78）は新現実主義が登場する前に執筆されたものであるものの、防御的現実主義を説明する内容となって

いる点を指摘しておきたい。

　それでは、上記の理論家の著作に主に依拠しながら、防御的現実主義の要点を説明する。第一に、政府は国家安全保障を実現するためにパワーを追求するものの、その実現以上のパワーを追求する必要はない、ということである。なぜならば、政府が国家安全保障を確実なものにするために、さらなるパワーの追求を行うならば、それは関係国に不必要な脅威を与えるので、当該政府による対抗措置を招き、結果的に自国の安全保障が脅かされることになるからである。第二に、国際構造がアナーキーなため、国家間の関係において対立的な様相は依然として見られるものの、政府は妥協や譲歩をすることにより国家安全保障を実現できるならば、他国に対してそのような融和的な政策をとり、協調的な関係を築くようになる、と考えることである。ゆえに、新現実主義との違いは、国際関係が協調的になる可能性について、防御的現実主義は新現実主義よりも楽観的である、ということになる。

*　*　*

参考文献

・ウォルツ、ケネス（2010）『国際政治の理論』（河野勝、岡垣知子訳）勁草書房。
・カー、E. H.（1996）『危機の二十年』（井上茂訳）岩波書店。
・モーゲンソー（2013）『国際政治』（[上]・[中]・[下]、原彬久監訳）岩波書店。
・Glaser, Charles L. (1994/95) 'Realists as Optimists: Cooperation as Self-Help', *International Security*, vol. 19, no. 3, pp. 50–90.

防御的現実主義の要点

国際関係が協調的になる可能性について、防御的現実主義は新現実主義よりも楽観的

・Jervis, Robert (1977/78) 'Cooperation under the Security Dilemma', *World Politics*, vol. 30, no. 2, pp. 167–214.

学習案内

　古典的現実主義、新現実主義、防御的現実主義については、上記の参考文献のほかに、以下が参考になる。

・大芝亮（2016）『国際政治理論——パズル・概念・解釈』ミネルヴァ書房の第 1 章。

・野口和彦（2015）「リアリズム」吉川直人、野口和彦編『国際関係理論』（第 2 版）勁草書房。

・James, Patrick (2022) *Realism and International Relations: A Graphic Turn toward Scientific Progress*, New York: Oxford University Press の第 10 章、第 12 章、第 15 章。

第8章
現実主義③──攻撃的現実主義、新古典的現実主義、複合的現実主義

1. 攻撃的現実主義（offensive realism）

新現実主義から派生した攻撃的現実主義

ミアシャイマー『大国政治の悲劇』

　攻撃的現実主義はアナーキー（anarchy: 無政府状態）な国際構造を前提としている点で、防御的現実主義と同じく、新現実主義から派生した理論である。代表的な理論家はジョン・J. ミアシャイマー（John J. Mearsheimer）であり、『大国政治の悲劇』（原書初版 2001）において自らの理論を「攻撃的現実主義」と名づけた（ミアシャイマー 2019: 35）。

　それでは、ミアシャイマー（2019）に基づき、攻撃的現実主義について説明しよう。国際構造がアナーキーであることから、政府は国家安全保障を実現するために可能な限りパワー（とりわけ軍事力）を極大化させる、と見なす。そのうえで、政府は自国が他国よりも大きなパワーを獲得することを目指し、とりわけ大国の政府は他の大国の政府が軍事的挑戦をあきらめるような覇権を確立するまで、パワーの追求をゆるめることはない、と考えるのである。政府は自国の安全保障を実現しようとする際に、他国の政府の動向を疑いの眼で見る傾向にあり（ミアシャイマー 2019: 69）、また大国の政府は他の大国を攻撃する意思のみならず、そ

大国同士は「潜在的に『敵』」となる

れを実行可能な軍事力を保持していることから、大国同士は「潜在的に『敵』」（ミアシャイマー 2019: 68）となる。ゆえに、大国の政府は他の大国の政府が挑戦してくる可能性を常に考慮する必要があり、そうした事態が実際に生じないためにパワーの極大化を常に試みるのである（ミアシャイマー

大国はパワーの極大化を常に試みる

2019: 72-74）。なお、パワーに関して言えば、人口規模と経済力を意味する「潜在的なパワー」と、軍事力を意味する「実質的なパワー」に区分され、前者は後者を築くための基礎となるものであり、また後者のなかでは陸軍力が果たす役割が重要である（ミアシャイマー 2019: 82）。

　このように、国際関係は覇権的地位を目指す大国同士が競い合う激しいパワー・ポリティックスが展開される場となり、ゆえに「安全保障のジレンマ」がいつまでも続く状況となる。しかしながら、政府による妥協や譲歩は他国に弱みを見せることになるので、望ましいことではない、とされる。国際関係が協調的になる可能性について悲観的

国際関係が協調的になる可能性について悲観的

であるものの、ある国家の政府が他国の政府と協調関係を結ぶことも、また維持させることも、共に困難であると指摘しつつも、国家同士が協調する可能性を全面的に否定してはいない（ミアシャイマー 2019: 92-94）点は、指摘しておく必要があろう。

2. 新古典的現実主義（neo-classical realism）

新現実主義から派生した新古典的現実主義

　新古典的現実主義もアナーキーな国際構造を前提としている点で、防御的現実主義や攻撃的現実主義と同じく、新現実主義から派生した理論である。主な理論家はクリ

ストファー・レイン（Christopher Layne）やランドール・L.
シュウェラー（Randall L. Schweller）である。最初に、レイ
ンが自らを「新古典的現実主義者」と位置付けている（レ
イン 2011［原書 2006］: 41-48）ことや、シュウェラーが自ら
の論文に関して「新古典的（もしくは新伝統的）現実主義の
認識論と方法論を前提にしている」（シュウェラー 2003［原
書 2001］: 159-160）と言及した点を指摘しておきたい。

　それでは、上記の理論家の著作に主に依拠しながら、
新古典的現実主義の要点を説明する。国際構造がアナー
キーなため、政府は国家安全保障を実現するために可能
な限りパワー（とりわけ軍事力）を増大化させる、とする。
しかしながら、その際に、全ての政府が同一行動をとらな
い（とることができない）背景には、国際関係（新現実主義が
言うところの国際システム）における国家間のパワーの格差に
加えて、国内の政治制度や政治体制などの違いが影響を
与えているからである。すなわち、新現実主義が重視して
いる国際システム要因と、古典的現実主義が重視している
国内要因によって、政府の対外行動は説明できるのである。
このように、新古典的現実主義は新現実主義と古典的現
実主義の双方の内容を含むことから、その理論名が付け
られた、と言えよう。

　なお、上記のような理論内容ゆえに、新現実主義のよう
な理論的な単純さは失われるものの、現実の世界が複雑
なので、その出来事の因果関係を体系化して説明する理
論が複雑になるのは当然である、との立場を新古典的現
実主義はとる（レイン 2011: 42）。加えて、政府の対外行動
を分析する際には、歴史的な文脈や特異性といった説明も

新現実主義が重視する
国際システム要因と、
古典的現実主義が重視
する国内要因によっ
て、政府の対外行動は
説明できる

必要、と見なしているのである（レイン 2011: 42）。

3. 複合的現実主義（complex realism）

　複合的現実主義はこれまでに説明してきた現実主義を構成する他の個別理論と異なり、主要理論ではない。また、この複合的現実主義という理論名を使用している研究者は非常に限られているようであり、その内容も異なっている。レイモンド・ヒンネブッシュ（Raymond Hinnebusch）は一方で、複合的現実主義を現実主義（realism）、構造主義（structuralism）、構成主義（constructivism）、歴史社会学（historical sociology）、対外政策分析（foreign policy analysis）から成る理論としている（Hinnebusch 2015: 20–22）。小副川琢は他方で、複合的現実主義を相互連関的な対外・対内脅威を扱う理論と見なしている（Osoegawa 2015: 10–14）。

　それでは、小副川による複合的現実主義を理論的に位置付けてみよう。これまでに学習してきた現実主義を構成する個別理論、すなわち古典的現実主義、新現実主義、防御的現実主義、攻撃的現実主義、新古典的現実主義はいずれも、国家に対する脅威として対外脅威を想定している。これに対して、リチャード・J. ハークネット（Richard J. Harknett）及びジェフリー・A. ヴァンデンバーグ（Jeffrey A. Vandenberg）は、国家に対する相互連関的な対外・対内脅威に注目し、彼ら自身の理論を「全方位提携（omnialignment)論」と名づけた（Harknett and Vandenberg 1997）。そして、Osoegawa（2015）はこの全方位提携論を複合的現実主義と言い換えたのである。

ハークネット、ヴァンデンバーグの「全方位提携論」を複合的現実主義と言い換えた

ハークネットとヴァンデンバーグによる全方位提携論の
要点は、「トランスナショナルな関係に浸透される、ある
不安定な国家の［政府の］指導者は、対外的に敵対関係に
ある国家［の政府］によって、国内の非政府アクター［主
体］（とりわけ国内反体制派）を支援されてしまう危機にお
いて、相互連関的な対外・対内脅威に対処することを要
求され、その過程で複雑な提携行動をとる」（小副川 2021:
149）、ということである。また、全方位提携論は、こうし
た相互連関的な対外・対内脅威に対処する際に不安定な
国家の政府の指導者が取りうる 4 つの戦略として、「ダブ
ル・バランス（double balance）」、「バランス・バンドワゴン
（balance–bandwagon）」、「バンドワゴン・バランス（bandwagon–
balance）」、「ダブル・バンドワゴン（double bandwagon）」を
提示したのである。各戦略について簡単に述べるならば、
「『ダブル・バランス』は対外的にも対内的にも最も差し迫
った脅威に対抗する」、「『バランス・バンドワゴン』は対
外的には最も差し迫った脅威に対抗する一方で対内的に
は最も差し迫った脅威に同調する」、「『バンドワゴン・バ
ランス』は対外的には最も差し迫った脅威に同調する一方
で対内的には最も差し迫った脅威に対抗する」、「『ダブル・
バンドワゴン』は対外的にも対内的にも最も差し迫った脅
威に同調する」（小副川 2021: 149）、ということである。

このように、複合的現実主義は現実主義を構成する他
の個別理論と異なり、脅威が国外のみならず、国内にも
源をもつことを想定した理論である。ある不安定な国家の
政府と敵対関係にある国家の政府が、その不安定な国家
の内に存在する反体制派に支援を与えた結果、その政府

敵対関係にある国家に
よって、国内反体制派
を支援されてしまう危
機

相互連関的な対外・対
内脅威に対処する 4 つ
の戦略：
「ダブル・バランス」
「バランス・バンドワ
ゴン」
「バンドワゴン・バラ
ンス」
「ダブル・バンドワゴ
ン」

脅威が国外のみならず
国内にも源をもつこと
を想定

が相互連関的な対外・対内脅威に対処するという「二正面作戦」を強いられることは、決して珍しいことではない。ゆえに、複合的現実主義について学習しておくことは有益であろう。

＊　＊　＊

参考文献

・小副川琢（2021）「安全保障——『全方位提携論』とレバノン」末近浩太編著『シリア・レバノン・イラク・イラン』（シリーズ・中東政治研究の最前線②）ミネルヴァ書房。

・シュウェラー、ランドール・L.（2003）「危機の二十年 1919–1939——なぜ国際協調は生まれなかったか」（戸谷美苗訳）コリン・エルマン、ミリアム・フェンディアス・エルマン編『国際関係研究へのアプローチ——歴史学と政治学の対話』（渡辺昭夫監訳、宮下明聡、野口和彦、戸谷美苗、田中康友訳）東京大学出版会。

・ミアシャイマー、ジョン・J.（2019）『大国政治の悲劇』（新装完全版、奥山真司訳）五月書房新社。

・レイン、クリストファー（2011）『幻想の平和——1940 年から現在までのアメリカの大戦略』（奥山真司訳）五月書房。

・Harknett, Richard J. and Jeffery A. Vandenberg (1997) 'Alignment Theory and Interrelated Threats: Jordan and the Persian Gulf Crisis', *Security Studies*, vol. 6, no. 3, pp. 112–153.

・Hinnebusch, Raymond (2015) *The International Politics of the Middle East* (2nd edition), Manchester: Manchester University Press.

・Osoegawa, Taku (2015) *Syria and Lebanon: International Relations and Diplomacy in the Middle East* (paperback edition), London and New York: I.B.Tauris Publishers.

学習案内

　攻撃的現実主義及び新古典的現実主義については、上記の参考文献のほかに、以下が参考になる。

・野口和彦（2015）「リアリズム」吉川直人、野口和彦編『国際関係理論』（第 2 版）勁草書房。

・Mearsheimer, John J. (2021) 'Structural Realism', in Tim Dunne, Milja Kurki, and Steve Smith, eds., *International Relations Theory: Discipline and Diversity* (5th edition) , Oxford: Oxford University Press.

・Ripsman, Norrin M., Jeffery W. Taliaferro, and Steven E. Lobell (2016) *Neoclassical Realist Theory of International Politics*, Oxford: Oxford University Press.

第9章
自由主義①——起源、全体的概要、安全保障論、個別理論の名称

1. 自由主義の起源——理論の歴史的背景

自由主義の歴史的起源：スミス、リカード、コブデン、カント

　自由主義（liberalism）と呼ばれる国際関係理論は主として、アダム・スミス（Adam Smith）、デイヴィッド・リカード（David Ricardo）、リチャード・コブデン（Richard Cobden）、イマニュエル・カント（Immanuel Kant）などに、その歴史的な起源をもっている。すなわち、これら4人が自由主義に影響を与えた代表的な歴史的人物と言える。

スミス『諸国民の富』

　スミスはイギリスの経済学者かつ哲学者であり、『諸国民の富』（『国富論』、原書初版1776）において、政府は個人や企業の自由な経済活動を重んじることが望ましいとする、レッセ＝フェール（laissez-faire: 自由放任主義）を主張した。その背景には、神の「見えざる手」により、個人や企業による利益追求は自然と調和する、すなわち利害調整がなされる、との考えがあった。そして、レッセ＝フェールの立場を国際関係に援用し、自由貿易を主張したのである。スミスは古典派経済学（自由主義経済学）の始祖であり、また近代経済学の始祖とも言われている。

　リカードはイギリスの古典派経済学者であり、『経済学

リカード『経済学および課税の原理』	および課税の原理』（原書初版 1817）において、「比較生産費説」（「比較優位説」とも言う）を主張した。すなわち、各国がそれぞれ生産性の高い産業分野に特化し、生産した商品を自由に交換し合えば、各国共に利益を得る、と考えたのである。ゆえに、自由貿易は一国のみならず、他国の経済発展をも可能にし、双方の利益となるので、平和につながる、とも主張したのである（杉山 2015: 189）。
コブデン	コブデンはイギリスの自由主義政治家かつ経済学者であり、政府が経済活動に積極的に関わる重商主義に基づく政策をとり、植民地を独占しようと争うならば、やがて戦争に至る、と考えた（杉山 2015: 189）。そこで、経済活動を個人や企業に任せ、政府が介入しない自由貿易が世界に広まることにより、各国が利益を享受でき、ゆえに戦争が起こらなくなる、との立場をとったのである（杉山 2015: 189）。
	このように、スミス、リカード、コブデンはいずれも、国際政治経済的な側面に焦点を当て、自由貿易の利点を主張した。また、リカードとコブデンは自由貿易と戦争及び平和との関係についても考察しているが、安全保障的な側面に特化しているのはカントである。カントはドイツの
カント『永遠平和のために』	哲学者であり、『永遠平和のために』（原書初版 1795）において、戦争が市民に多大な人的及び経済的な負担を負わせる点を指摘した。そこで、市民が自ら代表者を選出する共和制の国家であれば、市民の代表者から成る政府は戦争に容易に訴えることはできない、と考えた。また、諸国家の政治体制の民主化と共に、常備軍の廃止も必要と訴えたのである。

以上述べてきたように、国際政治経済的な側面に焦点を当てているスミス、リカード、コブデンに加え、安全保障的な側面に焦点を当てているカントも、自由主義の考え方に影響を与えている。ゆえに、自由主義は国際政治経済論のみならず、安全保障論の理論にもなっており、安全保障と国際政治経済のいずれかの理論ではないのである。

2. 自由主義の全体的概要

自由主義の全体像を提示すると以下のようになる。第一に、国際構造がアナーキー（anarchy: 無政府状態）であっても、政府は利益を調和させることができるので、国家間の関係は基本的には協調的な様相を帯びる、と考える。すなわち、現実主義と比較すると、国際関係に楽観的である。また、国際関係においては、安全保障問題に加えて国際政治経済問題などの様々な争点領域が存在し、前者と後者の間に優劣（優先度の違い）はない、とする。さらに、非政府主体が政府の対外政策に影響を与え、また国際関係において重要な役割を果たす、と見なしており、具体的な主体（actor: アクター）の多様性を認めている。政府の対外行動に対する国内政治経済要因の影響力を重視しており、国際関係と国内政治経済は密接に関連している、と主張する理論なのである。

自由主義は国際政治経済論のみならず、安全保障論の理論にもなっている

自由主義の全体像：
・国際関係に楽観的
・安全保障問題と他の争点に優劣をつけない
・主体の多様性を認める
・国際関係と国内政治経済は密接に関連している

3. 自由主義に基づく安全保障論

　それでは、自由主義を構成している個別理論の検討に
入る前に、現実主義と比較する観点から、自由主義に基
づく安全保障論を概観しておこう。繰り返しになるが、「安
全保障とは、客観的には、獲得された価値に対する脅威
の不在、主観的には、獲得された価値が攻撃される恐怖
の不在」（Wolfers 1962: 150）である。そこで、自由主義に基
づく安全保障論は国際関係において国家間の協調を可能
とする包括的な制度、つまり「包括的な国際制度」（鈴木
2007: 78）が果たす役割に注目するのである。すなわち、こ
うした制度の存在によって、国際関係から対立的な様相が
取り除かれることで、国家安全保障が維持、あるいは達成
される、と考えるのであり、具体的な制度として集団安全
保障及び安全保障レジームを主に想定しているのである。

集団安全保障

　集団安全保障は「まず条約や組織の加盟国間で侵略戦
争を違法化し、これに違反した国には、残りの全加盟国
の力を結集して制裁を加える」（石川 2015: 80）という制度
であり、そのなかには武力制裁も含まれる。同盟とは異
なり、「侵略が行われるまで、友好国や敵対国を事前に認
定することはできない」仕組みであり、侵略的な政策をと
る国家ならば、いずれも集団措置の対象となる（宮岡 2020:
91）。ただし、侵略の認定をめぐり、加盟国の政府間で合
意に達することは現実には難しく、また中立を選択する政
府が少なからず存在する。ゆえに、集団安全保障は有効

集団安全保障は有効な
制度とは言い難い

な制度とは言い難く、国際連盟（連盟）や国際連合（国連）
において違反国に対する制裁が実行に移され、さらには効

果を発揮した事例は、歴史的に数少ないのである。加えて、西原（2001: 60）は、紛争拡大という事態を招く危険性の大きさから、現実には大国の政府が引き起こした違反行為には制裁が加えられない反面、小国のケースには制裁が適用されることがあることから、集団安全保障は国家間の不平等を助長する制度である、と指摘している。

現実には大国の政府の違反行為には制裁が加えらない反面、小国のケースには制裁が適用されることがある

安全保障レジーム

安全保障レジームとは「相手が報復するであろうという信念に基づき、国家の［政府の］行動を抑制させることになる原則、ルール、規範」（ジャーヴィス 2020: 208）である。ただし、「安全保障のジレンマ」により、各国の政府が安全保障レジームを形成するのは、実際には困難である（ジャーヴィス 2020: 209-212）。そこで、ジャーヴィス（2020: 212-215）は安全保障レジームの形成条件として、①大国の政府が現状に満足し、ゆえに一国主義的に行動するよりも統制のとれた国際環境の方を好む、②各国の政府が他国の政府も同様に安全と協調に価値を置いていると信じている、③一か国もしくはそれ以上の政府が拡張主義に基づく安全保障を好むならば、全ての主要国の政府が現状に満足していたとしても、安全保障レジームは形成されない、④各国の政府が戦争などの一国主義的な行動による安全保障の追求にはコストがかかると見なしている、を指摘している。安全保障レジームの最適な例は1815年（「ウィーン会議」の開催）から1853年（クリミア戦争の勃発）まで続いた「ヨーロッパ協調」であり、そこでは各国の政府がパワー・ポリティックス（power politics: 権力政治）ではなく、国際会議における外交を通じての利害の調整に対して、共有の利益を見出していたのである（ジャーヴィス 2020: 215-223）。

安全保障レジームの形成条件

安全保障レジームの最適な例としての「ヨーロッパ協調」

4. 自由主義を構成する個別理論の名称

これまで、自由主義と呼ばれる理論の全体像を提示してきた。しかしながら、自由主義という単一理論が存在しているわけではないので、自由主義は総称であると言え、実際には複数の個別理論から構成されている。本書においては古典的自由主義（classical liberalism）、機能主義（functionalism）、新機能主義（neo-functionalism）、複合的相互依存論（complex interdependence）、新自由主義（neo-liberalism）、民主的平和論（democratic peace）について検討する。なぜならば、この6つの個別理論は、自由主義を構成する主要理論とされているからである。

＊　＊　＊

参考文献

・石川卓（2015）「対立と協調——リベラリズム、ネオリベラリズム」村田晃嗣、君塚直隆、石川卓、来栖薫子、秋山信将『国際政治学をつかむ』（新版）有斐閣。
・カント（1985）『永遠平和のために』（宇都宮芳明訳）岩波書店。
・ジャーヴィス、ロバート（2020）「安全保障レジーム」（廉文成訳）スティーヴン・D. クラズナー編『国際レジーム』（河野勝監訳）勁草書房。
・杉山知子（2015）「リベラリズム」吉川直人、野口和彦編『国際関係理論』（第2版）勁草書房。
・鈴木基史（2007）『平和と安全保障』東京大学出版会。
・スミス、アダム（2000: [1]・[2]、2001: [3]・[4]）『国富論』（水田洋監訳、杉山忠平訳）岩波書店。

自由主義を構成する6つの主要理論

・西原正（2001）「国際安全保障体制論」防衛大学校安全保障学研究会編著『新版　安全保障学入門』亜紀書房。
・宮岡勲（2020）『入門講義　安全保障論』慶應義塾大学出版会。
・リカードウ（1987）『経済学および課税の原理』（上）・（下）（羽鳥卓也、吉澤芳樹訳）岩波書店。
・Wolfers, Arnold (1962) *Discord and Collaboration: Essays on International Politics*, Baltimore, MD and London: The Johns Hopkins University Press.

学習案内

自由主義理論の全体像をとらえる際には、上記の参考文献のほかに、以下が参考になる。

・大矢根聡（2011）「リベラリズム」山田高敬、大矢根聡編『グローバル社会の国際関係論』（新版）有斐閣。
・進藤榮一（2001）『現代国際関係学——歴史・思想・理論』有斐閣の第4章。
・Burchill, Scott (2022) 'Liberalism', in Richard Devetak and Jacqui True, eds., *Theories of International Relations* (6th edition), London, New York, and Dublin: Bloomsbury Academic.

第10章
自由主義②──古典的自由主義、機能主義、新機能主義

1. 古典的自由主義（classical liberalism）

古典的自由主義は、戦間期の国際政治のあり方に色濃く反映されていた理想主義的な考え方

　古典的自由主義は idealism（理想主義）とも言われる理論であり、「特定の理論家によって展開された学説というよりも、2度の世界大戦に挟まれた戦間期、とくに1920年代の国際政治のあり方に色濃く反映されていた考え方」（石川 2015: 79）と見なされている。すなわち、第一次世界大戦と第二次世界大戦の間の戦間期に展開された、国際政府組織（国際機関）や国際法、さらには市民や世論の力などを通じて平和を構築しようとする考え方である。国際政府組織や国際法に関しては、国際連盟（1920年発足）や不戦条約（ブリアン・ケロッグ条約、1928年締結）などの存在により、戦争の違法化を通じての平和の実現が可能と考えたのであり、とりわけウッドロー・ウィルソン・アメリカ大統領が主導して発足に至った国際連盟に関しては、集団安全保障という政策手段を用いて、第一次世界大戦後の平和の維持を目指した、と言える。また、市民や世論の力に関しては、平和教育を通じて戦争に反対する価値観が世界的に形成されることが望ましい、とした。

既述のように、E. H. カー（E. H. Carr）は後に、古典的自由主義を「夢想主義（utopianism）」として批判したが、その背景には1930年代の国際関係がパワー・ポリティクス（power politics: 権力政治）の様相を強め、第二次世界大戦の勃発にまで至ったことがあった。さらに、経済的な相互依存の発展が戦争抑止に結びつく、とも古典的自由主義は考えており、隣国の制圧や植民地の獲得のための武力行使は経済的な損失を招くので無意味である、と見なしたのである。

2. 機能主義（functionalism）

ミトラニーの機能主義
的アプローチ

　機能主義の代表的な理論家はデイヴィッド・ミトラニー（David Mitrany）であり、その代表的な著作はMitrany（1948）である。ミトラニーは国際政府組織のあり方として、「機能主義的アプローチ（functional approach）」を提唱した。
　それでは、「機能主義的アプローチ」について説明しよう。「国際社会が必要としている行政的サービスを提供するためには、どのような国際［政府］組織が適切かを考え、問題領域ごとに、国際［政府］組織をつくる」（大芝 2016: 83）ことが要請される。そのうえで、国際平和を実現するためには、軍事的領域のみならず、経済・社会的領域をも考慮する必要がある、と考える。以上のことから、「経済・

個別の分野ごとに国際
政府組織を設立し、そ
の分野のエキスパート
が主導権をとり、もの
ごとを事務的・技術的
に解決していくことを
構想

社会のなかの個別の分野ごとに、国際［政府］組織を設立し、行政・技術の専門家（エキスパート）が主導権をとり、ものごとを、事務的・技術的に解決していくことを構想する」（大芝 2016: 84）のである。

なお、「こうした専門家は、各国の国益を背負った外交官や政治家とは違い、あくまでもエキスパートとして行動する」（大芝 2016: 84）、と見なされている。すなわち、専門家の役割として、国際政府組織に政府間の対立がもち込まれることを防ぐことが想定されており、その結果として国際政府組織が国際平和の実現に役立つ、と考えるのである。

3. 新機能主義（neo-functionalism）

ハースの地域統合論

　新機能主義の代表的な理論家はエルンスト・B. ハース（Ernst B. Hass）であり、その代表的著作は Hass（1964）である。それでは、「ミトラニーの機能主義を発展させる形で、地域統合論を展開」（大芝 2016: 98）したハースの理論を説明しよう。

ハースの地域統合論：
・超国家性をもつ国際政府組織の設立が目標
・一つの領域での機能的な統合を進展させる
・「波及効果（スピルオーバー）」を主張
・非政治的な分野での統合の進展が政治的な分野での統合を容易にする

　ハースによると、統合は「超国家性をもつ国際［政府］組織の設立を目標として設定するのであり、機能主義のミトラニーのような、国家間の調整・協議を行うような国際［政府］組織を［目指す］ものではない」（大芝 2016: 98）。また、一つの領域での機能的な統合を進展させることが重要である（この点は機能主義の主張と同じである）、とするのみならず、地域統合における「波及効果（スピルオーバー）」を主張し、ある領域における機能的な統合が他の領域における機能的な統合を促す結果として、統合が連鎖反応的に起こる、と考えた。すなわち、「ある特定領域で国家間の協力を進めようとすると、これと深く関わる別の領域での国家間協力を必要」（大芝 2016: 98）な状況が生じる、とするのである。

また、「非政治的な分野での統合の進展が政治的な分野での統合を容易にする」（石川 2015: 82）ので、地域統合の進展は国際平和にとって望ましい、と見なすのである。

＊　＊　＊

参考文献
・石川卓（2015）「対立と協調――リベラリズム、ネオリベラリズム」村田晃嗣、君塚直隆、石川卓、来栖薫子、秋山信将『国際政治学をつかむ』（新版）有斐閣。
・大芝亮（2016）『国際政治理論――パズル・概念・解釈』ミネルヴァ書房。
・Hass, Ernst B. (1964) *Beyond the Nation–State: Functionalism and International Organization*, Stanford, CA: Stanford University Press.
・Mitrany, David (1948) 'The Functional Approach to World Organization', *International Affairs*, vol. 24, no. 3, pp. 350–363.

学習案内
　古典的自由主義、機能主義、新機能主義については、上記の参考文献のほかに、以下が参考になる。
・杉山知子（2015）「リベラリズム」吉川直人、野口和彦編『国際関係理論』（第2版）勁草書房。
・進藤榮一（2001）『現代国際関係学――歴史・思想・理論』有斐閣の第8章。
・Sørensen, Georg, Jørgen Møller, and Robert Jackson (2021) *Introduction to International Relations: Theories and Approaches* (8th edition), Oxford: Oxford University Press の第4章。

第11章
自由主義③——複合的相互依存論、新自由主義、民主的平和論

1. 複合的相互依存論（complex realism）

複合的相互依存論の代表的な理論家はロバート・O. コヘイン（Robert O. Keohane）とジョセフ・S. ナイ・ジュニア（Joseph S. Nye, Jr.）である。それでは、彼らの共著である『パワーと相互依存』（原書初版1977）に主に依拠しながら、その理論の概要を説明することにしよう。

コヘイン、ナイ『パワーと相互依存』

コヘイン・ナイ（2012: 10）によると、「世界政治における相互依存関係とは、国家［政府］間、あるいは異なった国々のアクター［actor: 主体］の間の相互作用によって特徴づけられる状態」である。そこで、複合的相互依存関係の特徴をコヘイン・ナイ（2012: 32-38）を参照にしてまとめると、以下のようになる。第一に、現実主義が想定するような国家間関係＝政府間関係ではなく、国家間関係には非政府（非国家）主体や国際組織など様々な具体的な主体が関わっており、多様な国境を越えた結びつきが形成されている。第二に、国際関係は政府（国家）と非政府（非国家）主体が様々な繋がりをもち合いながら依存し合っており、国家間関係における争点領域も安全保障面に限らず、経済・エネル

複合的相互依存関係の特徴：
・国家間関係には様々な具体的な主体が関わっており、多様な国境を越えた結びつきが形成されている
・安全保障問題を高次元の政治とし、それ以外の問題を低次元の政治と見なさない
・パワーの源泉は軍事力に限定されず、経済力やエネルギー資源も含まれる

ギー問題や環境問題、人権問題といった国際政治経済面も含み、多様になる。ゆえに、安全保障問題を高次元の政治（high politics: ハイ・ポリティックス）とし、それ以外の問題を低次元の政治（low politics: ロー・ポリティックス）と見なすのは間違いである。第三に、他国に対する影響力を行使する際のパワーの源泉は軍事力に限定されず、経済力やエネルギー資源も含まれる。

　なお、複合的相互依存論は、「相互依存と平和との因果関係については直接的には考察していない」（杉山 2015: 197）とされている。ただし、多くの研究者が指摘しているように、国家間で経済的な相互依存の度合いが高ければ、政治・軍事的な対立は経済関係に悪影響を与え、ひいては各国の景気にもマイナスとなるので、関係国の政府は互いに対立を避けようと試みるであろう。すなわち、各国の政府が自制をして武力行使には慎重になるため、国際関係は協調が基調になる、と考えられるのである。

2. 新自由主義 （neo-liberalism）

コヘイン『覇権後の国際政治経済学』

　新自由主義の代表的な理論家はロバート・O. コヘイン（Robert O. Keohane）であり、その代表的な著作は『覇権後の国際政治経済学』（原書初版 1984）である。それでは、新

新制度論

制度論とも呼ばれている新自由主義の理論を説明することにしよう。

　新自由主義は国際構造がアナーキー（anarchy: 無政府状態）であっても、政府は協調的な態度をとることが可能であり、ゆえに国家間で武力対立が常に発生するわけではない、と

見なす。その理由は、政府間の協調を促進するものとして、国際レジームが存在するからである。国際レジームは、クラズナー（2020［原書1983］: 3）において、「国際関係の所与の争点領域においてアクターの期待が収斂（しゅうれん）するところの明示的もしくは暗黙の原則、規範、ルール、および意思決定手続きの総体」と定義されている。これをわかりやすく言うと、「国際レジームは、国際的な主体（国家［政府］、企業、NGOなど）の間で作られる規範とルールのセットである。このような事象は、世界貿易機関（WTO）、京都議定書、ASEAN地域フォーラム（ARF）など、われわれの身の回りにひろく見られる」（山本 2008: ii）となり、国際レジームの内訳は主に国際機関や国際条約、国際会議となるのである。

新自由主義によると、国際レジームが国家間における協議の場を設け、各国の政府がそこで交渉することにより、政策調整が可能となる。また、国際レジームは大国の政府が自らの国益の観点によって構築したとしても、いったん構築された後はレジームの論理で動く、とされる。さらに、国際レジームは、大国の政府の行動に対しても制約を与えることが可能であり、たとえ大国のパワーが衰退したとしても機能するのである。

3. 民主的平和論（democratic peace）

民主的平和論の主な理論家はブルース・ラセット（Bruce Russet）とジェームズ・D. フィアロン（James D. Fearon）である。最初に、ラセットの『パクス・デモクラティア——

（左欄注記）

国際レジームが政府間の協調を促進する

国際レジーム：国際的な主体の間で作られる規範とルールのセット

国際レジームは国家間における協議の場を設ける

国際レジームは大国の政府の行動に対しても制約を与えることが可能

ラセット『パクス・デモクラティア』

冷戦後世界への原理』（原書 1993）から、その理論内容を説明しよう。

ラセットによると、国際関係の歴史を顧みると、民主（主義）国家同士の戦争は例外的に生じるので、民主（主義）国家間の関係は平和的であり、そのことは以下の理由から説明されるとする。一つは、「民主的な規範や文化」であり、「民主的な国々は、その政治文化が紛争の平和的解決を好むために、または民主的な決定過程が戦争の代償を血と金によって支払わなければならない一般大衆からの制約を生むために、国際関係において本質的により平和志向ないし『ハト派』であるということである」（ラセット 1996: 51）。

「民主的な規範や文化」と「構造／制度的な拘束」により、民主国家間の関係は平和的

もう一つは、「構造／制度的な拘束」であり、「民主的な国々では、抑制と均衡、権力の分立、そして広範な支持を得るために公開の議論が必要であるといった拘束があるため、大規模な武力行使の決定には時間がかかるだろうし、またそのような決定がなされる可能性も低い」（ラセット 1996: 69-70）のである。なお、「非民主的な国々の間や民主的な国々と非民主的な国々の間で武力紛争が頻繁に起こる理由は、非民主的な国々の指導者は、民主的な国々の指導者ほど拘束されていないので、より容易に、迅速に、秘密裏に、大規模な武力行使を始めることができる」（ラセット 1996: 70）からである。

フィアロンの「観衆コスト」概念

フィアロンについては、「観衆コスト（audience cost）」という概念を提唱し（Fearon 1994）、それは「国の政治指導者が相手国を攻撃すると脅しておいて、それを実行に移さなかったときに政府が直面する国内政治上でのコスト」（杉山 2015: 203）である。そして、民主（主義）国家の政府が武

力行使の威嚇を一度行った後にそれを撤回することは、国民の側から政策に一貫性がないと判断され、政府に対する支持低下をもたらすことから、政府は高い観衆コストを払うことになる、と見なす（杉山 2015: 203）。ゆえに、民主（主義）国家では政策変更に伴う観衆コストが高いことから、民主（主義）国家の政府が武力行使の威嚇をした場合には、その相手国の政府は武力行使が実際になされる可能性が高いものと判断し、戦争の勃発を防ぐために事態の平和的解決に乗り出す、とされるのである（杉山 2015: 203）。

民主国家では政策変更に伴う観衆コストが高いことから、戦争の勃発を防ぐために事態の平和的解決に乗り出す

＊　＊　＊

参考文献

・クラズナー、スティーヴン・D.（2020）「構造的原因とレジームの結果——媒介変数としてのレジーム」（宮脇昇訳）スティーヴン・D. クラズナー編『国際レジーム』（ポリティカル・サイエンス・クラシックス7、河野勝監訳）勁草書房。
・コヘイン、ロバート（1998）『覇権後の国際政治経済学』（石黒薫、小林誠訳）晃洋書房。
・コヘイン、ロバート・O.、ジョセフ・S. ナイ（2012）『パワーと相互依存』（滝田賢治監訳）ミネルヴァ書房。
・杉山知子（2015）「リベラリズム」吉川直人、野口和彦編『国際関係理論』（第2版）勁草書房。
・山本吉宣（2008）『国際レジームとガバナンス』有斐閣。
・ラセット、ブルース（1996）『パクス・デモクラティア——冷戦後世界への原理』（鴨武彦訳）東京大学出版会。
・Fearon, James D. (1994) 'Domestic Political Audiences and the Escalation of International Disputes', *American Political Science Review*, vol. 88, no. 3, pp. 577–592.

学習案内

　複合的相互依存論、新自由主義、民主的平和論については、上記の参考文献のほかに、以下が参考になる。

・石川卓（2015）「対立と協調——リベラリズム、ネオリベラリズム」村田晃嗣、君塚直隆、石川卓、来栖薫子、秋山信将『国際政治学をつかむ』（新版）有斐閣。
・進藤榮一（2001）『現代国際関係学——歴史・思想・理論』有斐閣の第8章、第11章。
・Sterling-Folker, Jennifer (2021) 'Neoliberalism', in Tim Dunne, Milja Kurki, and Steve Smith, eds., *International Relations Theory: Discipline and Diversity* (5th edition), Oxford: Oxford University Press.

第 12 章
構成主義

1. 構成主義の全体的概要並びに構成主義に基づく安全保障論

社会構成主義

ウェントの構成主義
・主体がどのような考
えをもって行動してい
るのかを探ることが必
要
・国際関係も一つの社
会にほかならず、その
構造は主体間の対話や
相互の刺激によって形
作られる構成物である
・新たな国際構造が構
成された結果、国際関
係が変化する

　構成主義（constructivism）は社会構成主義（social con-structivism）とも言われている理論である。代表的な理論家はアレグザンダー・ウェント（Alexander Wendt）であり、Wendt（1992）及び Wendt（1999）が主著である。ウェントの構成主義の要点は第一に、国際関係の現実を把握するためには、主体（actor: アクター）がどのような考え（アイディア）をもって行動しているのかを探ることが必要、ということである。第二に、国際関係も一つの社会にほかならず、その構造はアイディアをもっている主体間の対話や相互の刺激によって形作られる構成物である、と考えることである。すなわち、主体が国際関係の構造、すなわち国際構造を生み出し（構成し）、さらにはこのようにして生み出された新たな国際構造が主体に影響を与える、と見なすのである。そして第三に、新たな国際構造が構成された結果、国際関係が変化する（対立から協調へ、もしくは協調から対立へ）ことである。

　以上のように、構成主義は安全保障や国際政治経済を研究対象とする際に、主体間における認識の相互作用に

注目する。そこで、構成主義における前記の要点について検討を加える前に、現実主義及び自由主義と比較する観点から、構成主義に基づく安全保障論を概観することにしたい。それは、一言でまとめるならば、安全保障の内実は政府やその他の具体的な主体による相互作用を通じて認識が共有された結果であり、認識の共有には言語や環境などが大きな役割を果たす、ということである。そして、安全保障に関する認識が主体間で共有される過程を取り上げた議論が「安全保障化（securitization）」論である。安全保障化論の代表的論者はバリー・ブザン（Barry Buzan）らの「コペンハーゲン学派」であり、その代表的な著作はBuzan et al.（1998）である。

ブザンら「コペンハーゲン学派」の「安全保障化」論

　それでは、安全保障化論の概要を説明する。塚田（2013: 59）によると、「いかなる公的問題も、政治化されていない問題から政治化された問題を経て、安全保障化された問題へといたる線上のどこかに位置づけることができる」。すなわち、「公的決定の対象外」である「政治化されていない問題」は「政治化」されることにより、「通常の政治手続き」が要請される「政治化された問題」となり、さらに「安全保障化」されることにより、「緊急措置」が要請される「安全保障化された問題」となるのである（塚田2013: 60）。なお、「安全保障化は、あくまでも共通の了解が形成される過程」であり、「安全保障化が完遂されるためには、アクター［主体］によって提示された議論が、受け手である観衆（audience）によって受容されなければならない」（塚田 2013: 60）。このことは、安全保障に関する認識が共有されるか否かにおいては、言語が第一に重要な役割

「政治化されていない問題」から「政治化された問題」を経て「安全保障化された問題」へ

を果たすことに加え、安全保障化をリードする主体の地位や脅威そのものの性質といった環境も作用することを意味している（塚田 2013: 60）。

　なお、構成主義に関しても、現実主義や自由主義と同じように、個別理論を指摘することは可能である。しかしながら、多くの入門書が構成主義を単一理論として扱っているので、本書においてもそのようにした。

2. アイディア

　それでは、前節の冒頭で言及した構成主義の要点について検討を加えてみよう。アイディアとは、「より厳密に言えば観念的要素（ideational factor）であり、具体的には理念や信条、認識、規範などが含まれる」（大矢根 2011: 77）。つまり、アイディアとは主体がもっている国際関係に関する考えである。

　例えば、平和尊重というアイディアを例にとると、理念としての平和主義、信条としての紛争は平和裏に解決しなければならない、認識としての平和か否かという観点から国際情勢を捉える、規範としての国際間における平和を促進するルール（その代表例としての国際法）に対する尊重、となる。そして、主体は自らのアイデンティティに基づいてアイディアをもち、自らのアイデンティティによって形づくられた利益によってアイディアを具体的な行動に移すのである。たとえば、ある国家の政府は平和志向国家・政府というアイデンティティに基づいて平和尊重というアイディアをもち、平和志向国家・政府というアイデンティテ

アイディアとは主体がもっている国際関係に関する考え

ィをもっていることによって得られる名声や評判、すなわち利益に基づいて平和尊重というアイディアを、たとえば国際平和維持活動への参加というような具体的な行動に移すのである。このように、構成主義は国際関係において、アイディアという観念的（非物質主義的）要素を重視する必要性を訴えている（現実主義は主に軍事力、自由主義は主に経済的利害といった物質主義的要素を重視）、と言えるのである。

3. 具体的な主体による国際構造の構成

　最初に、具体的な主体と国際構造の関係について、これまでに学んできた国際関係理論を大まかに整理してみよう。具体的な主体が国際構造へ与える影響を重視する代表的な理論は、古典的現実主義、古典的自由主義、機能主義、新機能主義、複合的相互依存論、民主的平和論である。政府などの具体的な主体の行動が国際構造に影響し、その結果として国際関係は対立的（古典的現実主義）もしくは協調的（古典的自由主義、機能主義、新機能主義、複合的相互依存論、民主的平和論）な様相を帯びる、と考えるのである。その反面、国際構造が具体的な主体へ与える影響を重視する代表的な理論は、新現実主義、防御的現実主義、攻撃的現実主義、新自由主義である。国際構造が政府などの具体的な主体の行動に影響し、その結果として国際関係は対立的（新現実主義、防御的現実主義、攻撃的現実主義）もしくは協調的（新自由主義）な様相を帯びる、と見なすのである。さらに、具体的な主体と国際構造との相互連関を重視しつつも、具体的な主体が国際構造へ与える影響の

国際関係において、アイディアという観念的要素を重視する必要性

具体的な主体が国際構造に与える影響を重視する理論＝古典的現実主義、古典的自由主義、機能主義、新機能主義、複合的相互依存論、民主的平和論

国際構造が具体的な主体へ与える影響を重視する理論＝新現実主義、防御的現実主義、攻撃的現実主義、新自由主義

具体的な主体が国際構造へ与える影響の方をやや重視する理＝新古典的現実主義、複合的現実主義、構成主義

方をやや重視する理論が、新古典的現実主義、複合的現実主義、構成主義である。政府などの具体的な主体と国際構造が相互に影響し合い、その結果として国際関係は対立的（新古典的現実主義、複合的現実主義）もしくは可変的（構成主義）な様相を帯びる、とするのである。

　それでは、主体による国際構造の構成について、構成主義はどのように説明しているのであろうか。最初に、具体的な主体がもつアイディアが、他の具体的主体との相互作用の結果として主体間で共有されるようになると、主体間の共通理解である「間主観（inter-subjectivity）」が成立し、この間主観が新たな国際構造を生み出す（構成する）。次に、このようにして生み出された新たな国際構造が、今度は具体的な主体に影響を及ぼすのである。例えば、A国政府がもつ平和尊重というアイディアを例にとると、同国政府とB国政府が政策調整などの相互作用を行いつつ、侵略行為をしたX国政府を非難する場合には、平和尊重というアイディアがA国政府とB国政府の間で共有されるので、両国政府間で間主観が成立し、この間主観に基づいて新たな国際構造、すなわち侵略行為を許さないという国際構造が生み出される（構成される）。そして、このようにして生み出された新たな国際構造が、今度はA国政府やB国政府の政策や行動に影響を与えるのである。

4. 新たな国際構造の構成と国際関係の変化

　新たな国際構造の構成は、国際関係に変化をもたらす、とされる。例えば、平和尊重というアイディアを例にとる

主体間の共通理解＝「間主観」が新たな国際構造を生み出し（構成）、今度は主体に影響を及ぼす

と、侵略行為を許さないという新たな国際構造が生み出された（構成された）結果、A国政府とB国政府の関係に変化が生じ、その国際関係はこれまでに対立していた場合は協調の方向へ、あるいはこれまでに協調していた場合はさらなる協調へと変化するのである。

　そこで、大きな国際構造の変化である冷戦の終焉について考えてみよう。Wendt（1999）を参考にその過程を説明するならば、ソ連のミハイル・ゴルバチョフ書記長が、とりわけアメリカとの関係改善を志向する「新思考外交」というアイディアを掲げ、それをアメリカのロナルド・レーガン大統領が受け入れた結果、ソ連政府とアメリカ政府の間で「新思考外交」に対する共通理解、すなわち「間主観」が成立し、両国間で冷戦に代わる新たな国際構造であるポスト冷戦が生み出され（構成され）、その国際関係が対立から協調へと変化した、ということになる。他方で、最近しばしば耳にする「冷戦の再来」について考えると、ロシアのウラジーミル・プーチン大統領が「大国ロシア」というアイディアを掲げ、それをアメリカ政府側が基本的に受け入れていない結果、ロシア政府とアメリカ政府との間で「大国ロシア」に対する共通理解、すなわち「間主観」が成立せず、両国間で新たな国際構造（「冷戦の再来」とも言われている）が生み出され（構成され）、その国際関係が協調から対立へと変化した、と説明することが可能なのである。

＊　　＊　　＊

ソ連政府とアメリカ政府の間で「間主観」が成立し、冷戦に代わる新たな国際構造であるポスト冷戦が生み出され（構成され）、その国際関係が対立から協調へと変化した

ロシア政府とアメリカ政府との間で「間主観」が成立せず、両国間で新たな国際構造（「冷戦の再来」）が生み出され（構成され）、その国際関係が協調から対立へと変化した

参考文献

・大矢根聡（2011）「リベラリズム」山田高敬、大矢根聡編『グローバル社会の国際関係論』（新版）有斐閣。
・塚田鉄也（2013）「安全保障化——ヨーロッパにおける移民を事例に」大矢根聡編『コンストラクティヴィズムの国際関係論』有斐閣。
・Buzan, Barry, Ole Waever, and Jaap de Wilde (1998) *Security: A New Framework for Analysis*, Boulder, CO and London: Lynne Rienner.
・Wendt, Alexander (1992) 'Anarchy is What States Make of It: The Social Construction of Power Politics', *International Organization*, vol. 46, no. 2, pp. 391–425.
・Wendt, Alexander (1999) *Social Theory of International Politics*, Cambridge: Cambridge University Press.

学習案内

構成主義については、上記の参考文献のほかに、以下が参考になる。

・佐藤敦子（2015）「コンストラクティビズム」吉川直人、野口和彦編『国際関係理論』（第 2 版）勁草書房。
・来栖薫子（2015）「規範と制度——コンストラクティヴィズム」村田晃嗣、君塚直隆、石川卓、来栖薫子、秋山信将『国際政治学をつかむ』（新版）有斐閣。
・Barnett, Michael（2023）'Social Constructivism', in John Baylis, Steve Smith, and Patricia Owens, eds., *The Globalization of World Politics: An Introduction to International Relations* (9th edition), Oxford: Oxford University Press.

第 13 章
国際関係の理論的説明——ロシア・ウクライナ戦争を事例として

1. はじめに

　ロシア・ウクライナ関係が既に危機的状況であった 2022 年 2 月 24 日に、ウラジーミル・プーチン大統領は「特別軍事作戦」を発動し、ロシアによるウクライナ侵略が開始された。ロシア軍とウクライナ軍は 2023 年 9 月の時点において戦闘を続けており、その終結に向けた道筋は未だ見えない状況である。本章においては、ロシア・ウクライナ戦争という出来事（結果、つまり従属変数）をもたらした（生じさせた）要因（原因、つまり独立変数）について、これまでに学んできた国際関係理論からの説明を試みる。

2. 現実主義（realism）からの説明

　古典的現実主義（classical realism）を代表する理論家の E. H. カー（E. H. Carr）とハンス・J. モーゲンソー（Hans J. Morgenthau）は共に、人間のもつ権力欲ゆえに国際関係はパワー・ポリティックス（power politics：権力政治）になる、と主張した。そこで、ロシアのウクライナ侵略を決定

したプーチン大統領の軌跡を辿ってみると、対内的には政敵を苛烈な方法（毒殺など）で排除しつつ、対外的には武力によるクリミア併合（2014年）を行うなど、権力欲が相対的に強い人間であると考えられる。ゆえに、カーとモーゲンソーの古典的現実主義からは、プーチンの相対的に強い権力欲がロシア・ウクライナ戦争をもたらした、と説明可能である。また、モーゲンソーは国際関係が安定するための政策手段として、バランス・オブ・パワー（balance of power：勢力均衡）を指摘している。その要点は、対立する諸国家間のパワーが釣り合っているならば、軍事行動は決着がつかず、コストがかかるものになるので、関係諸国の政府にとって割が合わなくなる、ということである。そこで、ロシア・ウクライナ関係に関しては、両国間における軍事力の差が、プーチン政権をして軍事行動（ウクライナ侵略）は「元が取れる」と判断させた、と言える。なお、現実には膠着している戦線が多いことからも戦闘が長期化しており、ゆえにプーチン政権は誤算をした、と言えなくもない。しかしながら、ロシアとウクライナの間のパワー（とりわけ軍事力）の差が両国間の戦争を招いた、とモーゲンソーの古典的現実主義から説明することは可能であろう。

新現実主義（neo-realism）を代表する理論家のケネス・N. ウォルツ（Kenneth N. Waltz）によると、国際構造がアナーキー（anarchy：無政府状態）であるため、ユニットである国家の政府は生き残り、つまり国家安全保障を実現するための手段として、パワー（とりわけ軍事力及びその基礎となる経済力並びに技術力）を追求する。また、自国が他国に対して少しでも有利に立てるように、各国の政府は相対利得を

プーチンの相対的に強い権力欲がロシア・ウクライナ戦争をもたらした、と古典的現実主義から説明可能

地図6　ウクライナ及び周辺国

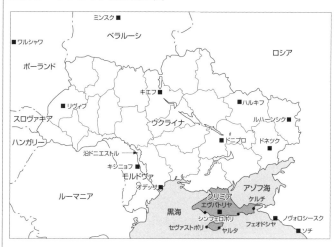

［出典］ヴァイス（2018：353）を元に作成。

ロシア及びウクライナの政府が共に、国家安全保障の観点からパワーを追求していることから、そもそも国家間協力が難しかった、と新現実主義から説明可能

追求するので、国家間協力は困難になる、と見なす。ロシア及びウクライナの政府が共に、国家安全保障の観点からパワーを追求していることは自明であることから、そもそも国家間協力が難しかった、とウォルツの新現実主義から説明可能である。また、ウォルツもバランス・オブ・パワーが国際関係の安定にとってプラスになる、と判断していることから、ロシアとウクライナの間のパワーの不均衡により両国間で戦争が生じることになった、とウォルツの新現実主義からも説明できよう。

　防御的現実主義（defensive realism）の要点は、アナーキーな国際構造のもとで、各国の政府は国家安全保障を実現するためにパワーを追求するものの、その実現以上のパワーの追求は関係国に脅威を与える結果として、当該政府による対抗措置を招くことになるために必要ない、とい

うことである。また、政府は妥協や譲歩をすることにより、国家安全保障を実現できるならば、他国に対してそのような融和的な政策を実行する、とも考える。ロシアによるクリミア併合の事例に鑑みて、ヴォロディミル・ゼレンスキー大統領率いるウクライナ政府としては、あくまでも自国の安全保障を実現するために、北大西洋条約機構（NATO）などからの支援を得て軍事力の増強を行うと共に、プーチン政権に対して融和的な政策をとることは、自国の安全保障を危険にさらすことを意味するがゆえにできなかったのである。最終的には、防御的現実主義によって説明可能なゼレスキー政権によるこうした動きに対して、ロシアが自国の安全保障にとって脅威であると見なしてウクライナ侵略を行ったことにより、両国間で戦争が勃発した。ゆえに、防御的現実主義によって説明できると見なすことが可能な事例に関して、関係する主体（actor: アクター）の全てが納得することの難しさを露呈させることになった、と言えよう。

防御的現実主義の事例に関して、関係する主体の全てが納得することは困難なことが露呈

攻撃的現実主義（offensive realism）を代表する理論家のジョン・J. ミアシャイマー（John J. Mearsheimer）によると、国際構造がアナーキーであることから、政府は国家安全保障を実現するために可能な限りパワーを極大化させ、とりわけ大国の政府は覇権を確立するまでパワーを追求するのである。一方で、ロシアによるウクライナ侵略は、ロシアの近接地域における一連の覇権追求の動きと見なすことができるゆえに、攻撃的現実主義から説明可能である。他方で、NATOによる東方拡大の動きに関しても、同機構を構成している欧米諸国（とりわけ超大国のアメリカや大国の

ロシアによるウクライナ侵略は、ロシアの近接地域における一連の覇権追求の動きと見なすことができるゆえに、攻撃的現実主義から説明可能

イギリス、フランス）による、ユーラシア大陸における覇権追求の意図が見え隠れする。すなわち、ミアシャイマーの攻撃的現実主義が想定するような、覇権的地位を目指す大国同士が競い合う激しいパワー・ポリティックスがウクライナや周辺地域で展開されてきたことも、ロシア・ウクライナ戦争を招く原因になった、と説明できるのである。

　新古典的現実主義（neo-classical realism）の要点は、アナーキーな国際構造のもとで政府は国家安全保障を実現するために可能な限りパワーを増大化させるものの、全ての政府が同一行動をとらない（とることができない）のは、国際関係における国家間のパワーの格差に加え、国内の政治制度や政治体制などの違いにも起因している、ということである。ロシアがウクライナに侵略した背景には、ロシアとウクライナ間のパワーの格差に加え、プーチン政権が国内における批判にもかかわらず、国民からの兵力動員を強引に実行できるような、ロシアにおける非民主的な政治制度や政治体制が存在していた、と考えられる。したがって、ロシア・ウクライナ戦争の発生に関しては、新古典的現実主義からも説明可能なのである。

　複合的現実主義（complex realism）の要点を簡潔に述べるならば、現実主義を構成する他の個別理論（古典的現実主義、新現実主義、防御的現実主義、攻撃的現実主義、新古典的現実主義）がいずれも、国家に対する脅威として対外脅威を想定しているのに対して、相互連関的な対外・対内脅威に注目している理論である、ということになる。本書では複合的現実主義と言い換えられているなかで、元の「全方位提携論」を提示したリチャード・J. ハークネット

プーチン政権が国民からの兵力動員を強引に実行できるような、ロシアにおける非民主的な政治制度や政治体制が存在したと考えられることから、ロシア・ウクライナ戦争に関しては新古典的現実主義からも説明可能

（Richard J. Harknett）及びジェフリー・A. ヴァンデンバー
グ（Jeffrey A. Vandenberg）は、対外的に敵対関係にある国
家の政府によって、国内の非政府主体（とりわけ国内反体制
派）を支援されてしまうような危機において、不安定な国
家の政府の指導者が相互連関的な対外・対内脅威に対処
する際に取りうる４つの戦略を提示した。そこで、プーチ
ン政権はゼレンスキー政権と敵対関係にあるウクライナ国
内の「親ロシア派」を支援してきたことから、ウクライナ
はロシアからの相互連関的な対外・対内脅威に直面して
きた、と言える。こうしたなかで、ゼレンスキー大統領は
プーチン政権及びウクライナ国内の「親ロシア派」双方と
対決する姿勢を維持してきたことから、同大統領が取って
いる戦略はハークネットとヴァンデンバーグが提示した４
つの戦略のなかの、「ダブル・バランス」（対外的にも対内的
にも最も急迫の脅威に対抗する）に当てはまっているのである。
ハークネットとヴァンデンバーグの複合的現実主義から説
明可能なように、ゼレンスキー政権が対外的にはプーチン
政権、また対内的には「親ロシア派」に対抗し、その過程
で欧米諸国政府から様々な支援を得てきたことが、ロシア
のウクライナに対する姿勢をさらに硬化させ、引いては両
国間の戦争に至らしめた、と言えるのである。

ゼレンスキー大統領が
取っている戦略は「ダ
ブル・バランス」に当
てはまっている、と複
合的現実主義から説明
可能

3. 自由主義（liberalism）からの説明

　古典的自由主義（classical liberalism）の要点は、国際政府
組織（国際機関）や国際法、さらには市民及び世論の力な
どを通じて平和が構築され、また平和教育を通じて戦争に

反対する価値観が世界的に形成されることが望ましい、ということである。ロシアによるウクライナ侵略に関しては、国際政府組織である国際連合（国連）において、ロシアが安全保障理事会（安保理）の常任理事国であるがゆえに安保理が機能せず、国際法であるところの国際連合憲章（国連憲章）によって規定されている国際平和が実現されない結果を生み出している。また、ロシア国内で「愛国教育」が過激さを増している状況は、同国人の間でウクライナに対する侵略を肯定する価値観の強化に貢献している。このような状況にあっては反実仮想として、国連（とりわけ安保理）が機能していたならば、あるいはロシア国内で平和教育が実現されていたならば、ロシアによるウクライナ侵略がそもそも発生しなかったか、もしくは発生したとしても短期間で事態収拾を実現させるような国内・国際的な動きが具体化した、と想像することは間違っていないであろう。すなわち、ロシア・ウクライナ戦争の発生は逆説的ながら、古典的自由主義の有効性を示している、と言えるのである。

ロシア・ウクライナ戦争の発生は逆説的ながら、古典的自由主義の有効性を示している

　機能主義（functionalism）を代表する理論家のデイヴィッド・ミトラニー（David Mitrany）によると、国際平和を実現するためには、経済・社会に関する個別の分野ごとに国際政府組織を作り、各国の国益を背負っていない専門家（エキスパート）が主導権をとることが必要なのである。国連には、経済・社会・文化・教育・保健その他の分野で国際協力を推進するために設立された専門機関（国連専門機関）が存在し、その数は現在 15 である。国連専門機関の多くは多数の加盟国から成り立っていることから、ロシア国籍

並びにウクライナ国籍をもつ人びとに加えて、それぞれの同盟国の国籍をもつ人びとが、専門家としてこれら機関に勤務している。こうしたなかで、国連専門機関の活動がロシアによるウクライナ侵略の余波を受けて麻痺してしまった、ということは表面化していないようである。したがって、国際社会が抱えている問題を解決していくためには、国益にプライオリティを置いていない専門家の果たす役割が重要である、とのミトラニーの機能主義は、ロシア・ウクライナ戦争の発生に関して説明できているわけではないものの、現在の国連専門機関の活動状況に鑑みると、結果的に説得力を有している、と言えるのである。

機能主義は、現在の国連専門機関の活動状況に鑑みると、結果的に説得力を有している

新機能主義（neo-functionalism）を代表する理論家のエルンスト・B. ハース（Ernst B. Hass）によると、一つの領域における機能的な統合は他の領域における機能的な統合をもたらし、こうした地域統合における「波及効果（スピルオーバー）」により、非政治的な分野における統合が政治的な分野における統合に結びつく結果、国際平和に望ましい環境が醸成されるのである。ロシア・ウクライナ関係に関しては、両国は 2002 年に天然ガスの分野における二国間協力協定に調印したほか、翌年にベラルーシ及びカザフスタンと共に「統一経済空間」（CES）の形成で合意した。しかしながら、ロシアとウクライナの間ではその後、CES に関する具体的な動きが見られないうえに、他の領域における機能的な統合も進んでいない。したがって、ロシア・ウクライナ関係において「波及効果」が見られなかったがゆえに、両国間で戦争が勃発した、とハースの新機能主義から逆説的に説明できるのである。

「波及効果」が見られなかったがゆえに、両国間で戦争が勃発した、と新機能主義から逆説的に説明できる

複合的相互依存論（complex interdependence）を代表する理論家のロバート・O. コヘイン（Robert O. Keohane）及びジョセフ・S. ナイ・ジュニア（Joseph S. Nye, Jr.）によると、国家間関係に政府や非政府主体、さらには国際組織など多様な具体的な主体が参画する結果、国際関係は多面性を有するようになり、そこでは様々な具体的な主体が互いに依存するようになる。また、このような状況においては、政治・軍事的な対立は経済関係に悪影響をもたらすので、国家間で経済的な相互依存の度合いが高ければ高いほど、関係国の政府はこうした対立を悪化させて武力行使にまで至ることを避けるので、結果的に国際平和がもたらされる、とする。ロシア・ウクライナ関係に関しては、日本国政府外務省が作成した「ロシア基礎データ」及び「ウクライナ基礎データ」のウェブサイトを参考にすると（両サイト共に 2023 年 7 月 30 日閲覧）、2021 年におけるロシアの主要貿易相手国には輸出入共にウクライナが入っておらず、また 2020 年におけるウクライナの主要貿易相手国にはロシアが入っているものの、その割合は輸出が 6% で輸入が 8% であり、決して高いとは言えない状況である。ゆえに、コヘイン及びナイの複合的相互依存論からは、ロシアとウクライナの間における経済的な相互依存の度合いが高くない状況において、とりわけロシアにとってはウクライナとの経済関係がさほど重要ではないことから、両国間の戦争に至った、と逆説的に説明が可能なのである。

　新自由主義（neo-liberalism）を代表する理論家のコヘインによると、問題領域ごとに作られた国際レジームの存在によって政府間の協調が促進される結果、国家間における

複合的相互依存論からは、ロシアとウクライナの間における経済的な相互依存の度合いが高くないことから、両国間の戦争に至った、と逆説的に説明が可能

武力対立の発生可能性が軽減されるのである。この点に関して言えば、ASEAN地域フォーラム（ARF）のような、地域における安全保障問題を議論する政府間フォーラムの存在について考えてみると、ロシア及びウクライナ双方が参加している「安全保障レジーム」は、ロシア及び周辺地域の国家間で形成されてはいない状況である。したがって、各国の政府間の協議の場となり、国家間における政策調整を可能とさせるような国際レジームがロシアとウクライナの間に存在しないことが、両国間の戦争をもたらした、とコヘインの新自由主義から逆説的に説明することが可能である。すなわち、裏を返すならば、両国間に国際レジームが存在していたならば、現在のような戦争状況は生じていなかったかもしれないのである。

　民主的平和論（democratic peace）を代表する理論家はブルース・ラセット（Bruce Russet）とジェームズ・D. フィアロン（James D. Fearon）である。ラセットは国際関係史を紐解いたうえで、民主（主義）国家同士の戦争が稀である反面、非民主的な国家の間や民主的な国家と非民主的な国家の間では武力紛争が頻繁に発生する、と主張した。なぜならば、非民主的な国家の指導者は世論を重視することなく、自らの選好にしたがって大規模な兵力動員を素早く行うことが可能だからである。プーチン大統領がロシア軍の動員を手際よく行った結果として、ロシア・ウクライナ戦争にまで至ったことは、ラセットの民主的平和論の主張を裏付けるものであろう。また、「観衆コスト（audience cost）」という概念を提唱したフィアロンによると、民主（主義）国家の指導者は政策に一貫性がないとの国民からの批

国際レジームがロシアとウクライナの間に存在しないことが、両国間の戦争をもたらした、と新自由主義から逆説的に説明することが可能

プーチン大統領がロシア軍の動員を手際よく行った結果として、ロシア・ウクライナ戦争にまで至ったことは、ラセットの民主的平和論の主張を裏付ける

判を避ける必要性から、武力行使の威嚇を一度行ってしまうと、それを撤回するのは難しいのであり、ゆえに相手国の政府は武力行使が行われるものと想定し、平和的に事態を解決しようとする。ゼレンスキー大統領がクリミア奪還を目指すうえで、軍事的手段の使用を考慮する旨発言していたことから、ロシア軍の動員が進められるなかで妥協的な姿勢を示さなかったことは、フィアロンの民主的平和論における「観衆コスト」の点から説明できるであろう。しかしながら、ゼレンスキー政権のこのような断固たる姿勢が、プーチン政権に平和的な解決を促すことなく、両国間の戦争を招いてしまったことは、フィアロンの民主的平和論が想定していなかった事態が生じた、と言えるであろう。

4. 構成主義（constructivism）からの説明

　構成主義を代表する理論家のアレグザンダー・ウェント（Alexander Wendt）によると、国際関係も一つの社会にほかならず、その構造はアイディアをもっている主体間の対話や相互の刺激によって形づくられる構成物である。すなわち、具体的な主体のもっているアイディアによって新たな国際構造が構成され、ひいては国際関係が変化するのである。

　この点からロシアとウクライナの事例について考えてみると、ロシアのプーチン大統領は、ロシア（人）とウクライナ（人）は同じである、という自らのアイデンティティに基づいて、「大ロシア主義」というアイディアをもってい

「大ロシア主義」

る。他方でウクライナのゼレンスキー大統領は、ロシア（人）とウクライナ（人）は異なる、という自らのアイデンティティに基づいて、「ウクライナ主義」というアイディアをもっている。したがって、プーチン政権とゼレンスキー政権の間では主体間の共通理解である「間主観」が成立しておらず、アイディアの不一致が見られる国際構造が生み出された（構成された）結果、両国関係は対立の様相を呈することになり、最終的には戦争にまで至った、とウェントの構成主義から説明可能なのである。

5. おわりに

　以上述べてきたことから、現実主義を構成する個別理論の古典的現実主義、新現実主義、防御的現実主義、攻撃的現実主義、新古典現実主義、複合的現実主義はロシア・ウクライナ戦争に至った原因について、各々の理論に基づいて直接的に説明することができた、と言えるであろう。こうしたなかで、防御的現実主義に関しては、ゼレンスキー政権による軍事力増強並びにプーチン政権に対する政策、さらにはロシア側の反応を観察することにより、ある主体によるパワー追求が防御的なものであることを、関係する全ての主体が受け入れることの難しさを浮き彫りにさせたのである。

　自由主義を構成する個別理論のうち、古典的自由主義、新機能主義、複合的相互依存論、新自由主義に関しては、ロシア・ウクライナ戦争が勃発した原因について「逆説的」という表現を本文中で用いたように、各々の理論に基づい

「ウクライナ主義」

プーチン政権とゼレンスキー政権の間で「間主観」が成立しておらず、アイディアの不一致が見られる国際構造が生み出された（構成された）結果、最終的には戦争にまで至った、と構成主義から説明可能

て間接的に説明することができた、と言えよう。また、機能主義はロシア・ウクライナ戦争の発生に関しては説明することができなかったものの、戦争発生後における国連専門機関の現在の活動状況に照らし合わせるならば、結果的に説得力を有している、と言うことは可能であろう。さらに、民主的平和論に関しては、ラセットの主張はロシア・ウクライナ戦争に至った原因を直接的に説明することができているものの、フィアロンの主張はゼレンスキー大統領による一貫した非妥協的な姿勢を直接的に説明することが可能な反面、プーチン政権が態度を軟化させなかったことは説明できていないのである。

　最後に、構成主義はロシア・ウクライナ関係を「間主観」という概念を用いて分析し、アイディアの不一致が両国間の戦争に至らしめた、という点において、その勃発の原因を直接的に説明することができている、と言えよう。なお、本章においては、複数ではないにしても、現実の出来事の観察に基づいて、既存の理論の妥当性について示唆を得ることができた。したがって、帰納法にほぼ準拠した実践を行った点を最後に指摘しておきたい。

＊　　＊　　＊

参考文献

・ヴァイス、モーリス（2018）『戦後国際関係史——二極化世界から混迷の時代へ』（細谷雄一、宮下雄一郎監訳）慶應義塾大学出版会。

用 語 解 説

【 ア 行 】

アイディア

構成主義において、主体がもっている国際関係に関する考えを意味する。構成主義は国際関係において、アイディアという観点的（非物質主義的）要素を重視する必要性を訴えている（現実主義は主に軍事力、自由主義は主に経済的利害といった物質主義的要素を重視している）。

「安全保障化」論

構成主義に基づく安全保障論において、安全保障の内実は政府やその他の具体的な主体による総合作用を通じて認識が共有された結果である、とされているなかで、安全保障に関する認識が主体間で共有される過程を取り上げた議論。安全保障に関する認識が共有されるか否かにおいては、言語が第一に重要な役割を果たすことに加え、安全保障化をリードする主体の地位や脅威そのものの性質といった環境も作用する、と見なしている。

安全保障レジーム

自由主義に基づく安全保障論において、国家安全保障が維持、あるいは達成されるための具体的な制度として想定されているものの一つ。相手の報復を予期して、各国の政府の行動を抑制させるような原則、ルール、規範を意味する。

安全保障論

国際関係論を構成する学問分野の一つ。安全保障を得るための各国の対応（外交や軍事行動など）、並びにその結果としての国際紛争（代表例としての戦争）を主に研究する。

「ウィーン会議」

フランス革命とナポレオンによる一連の戦争終結後に、大国（オーストリア、イギリス、フランス、プロイセン、ロシア）が、1814 年から翌年にかけてウィーンにて会合を行った。その結果、フランスの領域は 1792 年当時の国境に基づくことが決定されたほか、バランス・オブ・パワーの原則が再確認され、圧倒的に

強力な大国がヨーロッパ、とりわけ大陸ヨーロッパで出現しないようにする「ウィーン体制」が形成された。

「ウィーン体制」

バランス・オブ・パワーの原則による平和の維持を目指した。「ウィーン会議」の開催後もしばらくはオーストリア、イギリス、フランス、プロイセン、ロシアといった大国間で定期的に国際会議が開かれ、これら大国間でバランス・オブ・パワーが維持された結果、1870年までヨーロッパは比較的平和であった。しかしながら、普仏戦争（1870-1871年）でプロイセンが勝利したことに伴い、強大なドイツ（ドイツ帝国）が成立したことにより、崩壊した。

ウェストファリア条約

「三十年戦争」の講和条約として1648年に締結された結果、主権国家体系がヨーロッパで成立するに至った。すなわち、神聖ローマ帝国の構成国及びその周辺国（イギリス、フランス、スペイン、オランダなど）の領土が確定し、領域（国境）内の国民に対して政府が対内主権をもつと共に、対外主権を有する国家、つまり主権国家がヨーロッパで成立した。

ヴェルサイユ条約

パリ講和会議の結果、1919年6月に締結。ドイツの扱いと戦後構想を主な内容とする。ドイツに対しては過酷な要求が突き付けられ、その主な内容は軍備制限、過酷な賠償金、海外植民地を含む領土分割であった。また、戦後構想に関しては、アメリカのウッドロー・ウィルソン大統領の起案である国際連盟規約が含まれていた。

演繹法

帰納法と並んで、国際関係理論を実際に構築する（作る）方法。既存の理論から複数の仮説（予測）を導き出し、これらの仮説を複数の現実の出来事に照らして検証することにより、既存の理論の妥当性について示唆を与えるのみならず、既存の理論の改変や新たな理論の創出を行う。

【 カ 行 】

「間主観」

構成主義において、主体がもつアイディアが、他の主体との相互作用の結果として主体間で共有されるようになった際に、主体間で成立する共通理解のこと。新たな国際構造を生み出す（構成

する）のみならず、このようにして生み出された新たな国際構造が、今度は主体に影響を及ぼす。

機能主義

自由主義を構成する個別理論の一つであり、代表的な理論家はデイヴィッド・ミトラニー。国際平和を実現するためには、軍事的領域のみならず、経済・社会的領域をも考慮する必要があり、ゆえに経済・社会に関わる個別の分野ごとに国際政府組織を設立し、そこでは専門家が自らの専門の見地から主導権をとり、行動することが望ましい、と見なす。すなわち、専門家の役割として、国際政府組織に政府間の対立がもち込まれるのを防ぐことが想定されており、その結果として国際政府組織が国際平和の実現に役立つ、と考える。

帰納法

演繹法と並んで、国際関係理論を実際に構築する（作る）方法。複数の現実の出来事の観察に基づいて、既存の理論の妥当性について示唆を得るのみならず、既存の理論の改変や新たな理論の創出を行う。

現実主義

国際関係理論のなかの三大理論の一つ。国際構造がアナーキーであるゆえに、政府は制約なく自由に対外行動をとることができるので、国家間の関係は基本的には対立的な様相を帯びることになる、と考える。なお、現実主義という単一理論が存在しているわけではなく、実際には複数の個別理論から構成されている。

攻撃的現実主義

現実主義を構成する個別理論の一つであり、またアナーキーな国際構造を前提としている点で、新現実主義から派生した理論の一つ。代表的な理論家はジョン・J. ミアシャイマーであり、政府は国家安全保障を実現するために可能な限りパワー（とりわけ軍事力）を極大化させる、と見なす。そのうえで、政府は自国が他国よりも大きなパワーを獲得することを目指し、とりわけ大国の政府は他の大国の政府が軍事的挑戦をあきらめるような覇権を確立するまでパワーの追求をゆるめることはない、と考える。

構成主義

国際関係理論のなかの三大理論の一つ

であり、代表的な理論家はアレグザンダー・ウェント。現実主義や自由主義と同じように、個別理論を指摘することは可能であるものの、本書では単一理論として扱っている。ウェントによると、国際関係の現実を把握するためには、主体がどのような考え（アイディア）をもって行動しているのかを探ることが必要である。また、国際関係も一つの社会にほかならず、その構造はアイディアをもっている主体間の対話や相互の刺激によって形作られる構成物である。さらに、新たな国際構造が構成された結果、国際関係が変化する（対立から協調へ、もしくは協調から対立へ）。

国際政治経済論

国際関係論を構成する学問分野の一つ。安全保障論の研究対象領域以外の国際的な諸問題（国際貿易、国際金融、国際移動、地球環境、マイノリティなど）、並びにこれら問題に対する各国の対応（とりわけ外交や軍事行動）を主に研究する。

国際組織

国際関係における具体的な主体の一つ。国際組織の内訳としては国際政府組織（一般的には国際機関と言われており、その代表例が国際連合である）と国際非政府組織となる。

国際連合

1945 年 10 月に 51 か国で発足した国際政府組織（国際機関）。連合国は 1945 年 4 月から 6 月にかけてのサンフランシスコ会議において、国連憲章に合意しており、平和機構としての役割が期待された。しかしながら、冷戦期におけるアメリカとソ連の激しい対立により、安全保障理事会（安保理）決議の成立は非常に困難となり、当初想定されていたような平和機構としての役割を充分に果たすことが出来なくなった。その後、ポスト冷戦期に入ると、アメリカによる一極支配の世界が出現するなかで、安保理決議の成立が容易になった。

国際連盟

1920 年 1 月に発足した国際政府組織（国際機関）。集団安全保障に基づいて国際紛争を解決することを目指していた。加盟国は 42 か国であり、イギリス、フランス、イタリア、日本が常任理事国であった。なお、アメリカは上院の反対により、国際連盟規約の批准を拒否

したことにより、参加しないことになった。最終的には、常任理事国の日本が1933年に、同理事国のイタリアが1937年に、それぞれ脱退したことにより、集団安全保障が機能しなくなり、第二次世界大戦の勃発に至った。

古典的現実主義

現実主義を構成する個別理論の一つであり、代表的な理論家はE. H. カーとハンス・J. モーゲンソー。人間が権力欲をもっているから国家間で権力闘争が生じ、場合によっては戦争を引き起こす、という理論である。権力欲をもっている人間によって動かされている政府がパワーを追求するのは当然であり、それは対外的にも当てはまる、と考える。

古典的自由主義

自由主義を構成する個別理論の一つであり、第一次世界大戦と第二次世界大戦の間の戦間期に展開された、国際政府組織（国際機関）や国際法、さらには市民や世論の力などを通じて平和を構築しようとする考え方。さらに、経済的な相互依存の発展が戦争抑止に結びつく、とも考えており、隣国の制圧や植民地の獲得のための武力行使は経済的な損失を導くので無意味である、と見なした。

【 サ 行 】

「三十年戦争」

1618年から1648年にかけて繰り広げられ、また最後の「宗教戦争」と言われている。当初はカトリック側対プロテスタント側の「宗教戦争」であったものの、次第に「領土戦争」の側面ももつようになった。

自由主義

国際関係理論のなかの三大理論の一つ。国際構造がアナーキーであっても、政府は利益を調和させることができるので、国家間の関係は基本的には協調的な様相を帯びる、と考える。なお、自由主義という単一理論が存在しているわけではなく、実際には複数の個別理論から構成されている。

集団安全保障

自由主義に基づく安全保障論において、国家安全保障が維持、あるいは達成されるための具体的な制度として想定されているものの一つ。条約や組織に加盟している国家の間で予め侵略戦争を

違法化しておき、侵略戦争を引き起こした国家に対しては、残りの全ての加盟国が集団で制裁を加える、という制度である。なお、集団制裁のなかには武力制裁も含まれる。

自立（自強）

現実主義に基づく安全保障論において、国家安全保障を維持、あるいは達成するための具体的な政策手段として想定されているものの一つ。国際構造がアナーキーであることから、政府は自助で国家安全保障を維持、あるいは達成することを常に考慮する必要があり、自らのパワー（とりわけ軍事力やその基盤となる経済力や技術力）を増強させなければならない、とする。

新機能主義

自由主義を構成する個別理論の一つであり、代表的な理論家はエルンスト・B. ハース。一つの領域での機能的な統合を進展させることが重要である（この点は機能主義の主張と同じである）、とするのみならず、地域統合における「波及効果（スピルオーバー）」を主張した。すなわち、ある領域における機能的な統合が他の領域における機能的な統合を促す結果として、統合が連鎖反応的

に起こる、と考えた。また、非政治的な領域における統合が政治的な領域における統合を促すので、地域統合の進展は国際平和にとって望ましい、と見なす。

新現実主義

現実主義を構成する個別理論の一つであり、代表的な理論家はケネス・N. ウォルツ。国際構造がアナーキーであるため、ユニットである国家の政府は生き残り、つまり国家安全保障の実現という目的を達成するための手段として、パワー（とりわけ軍事力及びその基礎となる経済力並びに技術力）を追求する、とされる。その結果、国家間の関係（国際関係、ウォルツが言うところの国際システム）においてはパワー・ポリティックスが展開され、対立的な様相を帯びることになる。

新古典的現実主義

現実主義を構成する個別理論の一つであり、またアナーキーな国際構造を前提としている点で、新現実主義から派生した理論の一つ。主な理論家はクリストファー・レインやランドール・L. シュウェラーであり、国際構造がアナーキーなため、政府は国家安全保障を実現す

るために可能な限りパワー（とりわけ軍事力）を増大化させる、とする。しかしながら、その際に、全ての政府が同一行動をとらない（とることができない）背景には、国際関係（新現実主義が言うところの国際システム）における国家間のパワーの格差に加えて、国内の政治制度や政治体制などの違いが影響を与えていることがある。

新自由主義

自由主義を構成する個別理論の一つであり、代表的な理論家はロバート・O.コヘイン。国際構造がアナーキーであっても、政府間の協調を促進するものとして、国際レジームが存在するので、国家間で武力対立が常に発生するわけではない、と見なす。国際レジームとしては、具体的には国際機関や国際条約、国際会議などが主に想定されており、国際レジームが国家間における協議の場を設け、各国の政府がそこで交渉することにより、政策調整が可能になる、と考える。

政府

国際関係における具体的な主体の一つ。政府の内訳は主として、首脳、内閣、内閣が統括する行政機構、与党となる。

【 タ 行 】

第一次世界大戦

1914年に始まり、1918年に終わった戦争であり、大まかな対立構図は三国協商（イギリス、フランス、ロシア）対三国同盟（ドイツ、オーストリア＝ハンガリー、イタリア）となる。なお、日本が日英同盟に基づいて、1914年に三国協商側に味方する形で参戦したほか、オスマン帝国はロシアに対する長年の敵意から、三国同盟側の一員として同年に参戦した。また、イタリアはオーストリア＝ハンガリーとの間に領土問題を抱えていたことから、1915年に三国協商側に鞍替えした。最終的には、三国協商側の勝利により終結した。

第二次世界大戦

1939年に始まり、1945年に終わった戦争であり、大まかな対立構図は連合国（アメリカ、イギリス、フランス、ソ連、中国など）対枢軸国（ドイツ、イタリア、日本など）となる。ヨーロッパ戦線においては、ドイツが当初優勢であったものの、1942年11月から1943年1月にかけてのスターリングラードの戦いにより、ソ連軍がドイツ軍を撃破し

た後は連合国側が優勢になった。イタリアが1943年9月に、そしてドイツが1945年5月に、それぞれ無条件降伏した結果、ヨーロッパ戦線は終焉を迎えた。アジア・太平洋戦線においては、日中戦争が1937年以来続いているなかで、日本軍はハワイの真珠湾（パールハーバー）に対する攻撃を1941年12月に実施した。この結果、太平洋戦争が始まると共に、アメリカ軍がようやく参戦するに至った。日本は当初優勢であったものの、1942年6月のミッドウェー海戦で日本軍がアメリカ軍に大敗すると、日本の戦況は不利になった。日本が1945年8月に無条件降伏を決定した結果、アジア・太平洋戦線は終焉を迎えた。そして、日本が1945年9月に降伏文書に調印したことにより、日中戦争や太平洋戦争、さらには第二次世界大戦が連合国の勝利により正式に終結した。

同盟

現実主義に基づく安全保障論において、国家安全保障を維持、あるいは達成するための具体的な政策手段として想定されているものの一つ。他国のパワーを利用して、自国の安全保障を維持、あるいは達成できるように、予め取り決めをしておく制度である。

【ナ・ハ行】

バランス・オブ・パワー

現実主義に基づく安全保障論において、国家安全保障を維持、あるいは達成するための具体的な政策手段として想定されているものの一つ。政府はあまりにも強いパワーを有する国家が出現することにより、自国の安全保障を維持、あるいは達成できなくなることを恐れて「弱者救済」に乗り出し、「強国」のパワーを協力して封じ込める。

パリ講和会議

第一次世界大戦の戦後処理を確定するために、1919年1月に開会。重要な問題はアメリカ、イギリス、フランス、日本、イタリアがメンバーの「最高会議」で検討することになっていたものの、アメリカ、イギリス、フランスの影響力が実際には圧倒的であった。

バンドワゴン

現実主義に基づく安全保障論において、国家安全保障を維持、あるいは達成するための具体的な政策手段として想定されているものの一つ。政府は強い国

家に追随することにより、自国の安全保障の維持、あるいは達成を目指すのである。

「ビスマルク体制」

オットー・フォン・ビスマルク首相の巧みな外交戦略・戦術に依拠した、ドイツによるフランスの封じ込めであった。この結果として、ビスマルクがドイツ皇帝ヴィルヘルム2世に追放される1890年まで、ヨーロッパでは一定の平和が維持された。

非政府主体

国際関係における具体的な主体の一つ。非政府主体の内訳は主として、企業（とりわけ多国籍企業）、非政府組織、民族、宗教集団、テロ集団、個人となる。

複合的現実主義

現実主義を構成する個別理論の一つであり、この理論名を使用している研究者のなかに、レイモンド・ヒンネブッシュと小副川琢がいる。小副川に関しては、相互連関的な対外・対内脅威を扱う理論と見なしており、現実主義を構成する他の個別理論と異なり、脅威が国外のみならず、国内にも源をもつことを想定した理論である、としている。す

なわち、ある不安定な国家の政府と敵対関係にある国家の政府が、その不安定な国家の内に存在する反体制派に支援を与えた結果、その政府は相互連関的な対外・対内脅威に対処しなければならなくなるのである。

複合的相互依存論

自由主義を構成する個別理論の一つであり、代表的な理論家はロバート・O.コヘインとジョセフ・S.ナイ・ジュニア。国家間関係に関して、現実主義が想定するような国家間関係＝政府間関係ではなく、国家間関係には非政府主体や国際組織など様々な具体的な主体が関わっており、多様な国境を越えた結びつきが形成されている、とする。そのうえで、国家間で経済的な相互依存の度合いが高ければ、政治・軍事的な対立は経済関係に悪影響を与え、ひいては各国の景気にもマイナスとなるので、関係国の政府は互いに対立を避けようと試みて武力行使には慎重になる、と考える。

防御的現実主義

現実主義を構成する個別理論の一つであり、またアナーキーな国際構造を前提としている点で、新現実主義から派

生した理論の一つ。主な理論家はチャールズ・L. グレイサー、ロバート・ジャーヴィス、マイケル・マスタンデュノであり、政府は国家安全保障を実現するためにパワーを追求するものの、その実現以上のパワーを追求する必要はない、とする。なぜならば、政府が国家安全保障を確実なものにするために、さらなるパワーの追求を行うならば、それは関係国に不必要な恐怖を与えるので、当該政府による対抗措置を招き、結果的に自国の安全保障が脅かされることになるからである。

ポスト冷戦期

冷戦が終焉を迎えた後の時期であり、アメリカによる一極支配の世界が出現した。その結果、国連安保理決議の成立が容易になった反面、「反アメリカ」を掲げる政府や組織にとっては「冬の時代」を意味した。なぜならば、これら政府や組織は、冷戦期には存在していたソ連という後ろ盾を失った結果、同国を通じてアメリカに揺さぶりをかけることが不可能となったからである。そこで、「反アメリカ」を掲げる組織のなかには、国際的な場における外交などの「合法的な」問題解決には期待をもつことが出来ないと考え、テロ活動に従事するものもある。なお、最近では、中国による軍事・経済面における国力増強により、アメリカよる一極支配の世界が揺らいでいるとの見方もある。

【 マ 行 】

民主的平和論

自由主義を構成する個別理論の一つであり、主な理論家はブルース・ラセットとジェームズ・D. フィアロン。ラセットによると、国際関係の歴史を顧みると、民主（主義）国家同士の戦争は例外的に生じるので、民主（主義）国家間の関係は平和的である。その理由としては、民主的な国々に存在する「民主的な規範や文化」と「構造／制度的な拘束」が指摘されている。フィアロンについては、「観衆コスト」という概念を提唱し、民主（主義）国家では政策変更に伴う観衆コストが高いことから、民主（主義）国家の政府が武力行使の威嚇をした場合には、その相手国の政府は武力行使が実際になされる可能性が高いものと判断し、戦争の勃発を防ぐために事態の平和的解決に乗り出す、と見なしているのである。

【ヤ・ラ・ワ行】

ロシア・ウクライナ戦争

ロシアのウラジーミル・プーチン大統領が2022年2月に「特別軍事作戦」を発動し、ロシアによるウクライナ侵略が開始された結果として勃発。ロシア軍とウクライナ軍は2023年9月の時点において戦闘を続けており、その終結に向けた道筋は未だ見えない状況である。

冷戦期

1947年から1991年まで続いたこの期間において、アメリカとソ連は直接戦火を交えずとも、軍事力、経済力、イデオロギーの優劣を熾烈に競い合った。アメリカとソ連は世界各地で勢力圏拡大を目指し、その過程でアメリカとソ連各々を筆頭とする同盟や、アメリカ・ソ連間の代理紛争（戦争や内戦）、さらには分断国家が発生することになった。ハリー・S. トルーマン大統領による1947年3月の議会演説が、ソ連に対する「封じ込め政策」の開始であり、冷戦の開幕を告げる出来事であった、と見なされている。最終的には、1991年12月にソ連が消滅した結果、まさしく終焉を迎えた。

おわりに

　本書は国際関係論を初めて学ぶ大学生を対象にしつつ
も、とりわけその理論に関心を持つ専門課程の学生や一般
読者の方にも手に取ってもらえるように執筆した。日本の
多くの大学において、半期の14回前後で1つの科目を学
ぶことになっている現状を鑑みた結果、国際関係理論につ
いては三大理論についてのみ検討することになった。ゆえ
に、「はじめに」で紹介したその他の国際関係理論に関し
ては、参考文献などを手がかりにして適宜学んでいって欲
しい。

　また、本書は国際関係理論の紹介に紙幅の多くを割い
たことにより、理論を用いた事例分析としてはロシア・ウ
クライナ戦争のみを取りあげている。筆者が中東の国際関
係、とりわけレバノン・シリア関係について国際関係理論
を用いて説明することに長年取り組んでいるなかで、両国
関係ではないうえに、中東の国際関係でもないロシア・ウ
クライナ戦争を敢えてとりあげたのは、その世界的なイン
パクトに鑑みてのことである。したがって、専門外の事例
を理論的に説明するという、かなりチャレンジングな試み
を行うことなったものの、こうした姿勢を見せることによ
り、多くの読者が国際的な事例に関する理論的な説明を
積極的に試みることの一助になりたい、という願いもある。

国際関係理論は難しくて退屈だ、という意見があるなかで、複数の理論を習得して用いるならば、事例に関して多面的な理解を得ることができる、ということを本書のロシア・ウクライナ戦争に関する説明から学んでもらえれば幸いである。そのうえで、筆者とは異なる説明をロシア・ウクライナ戦争に関してすることができるならば、この戦争そのものについてのみならず、国際関係理論についての理解も深まるであろう。読者諸賢からのご指摘を楽しみに待っている。

筆者は明治大学政治経済学部政治学科を卒業後に、慶應義塾大学大学院法学研究科政治学専攻修士課程に入学し、国際関係論の世界に足を踏み入れた。その後、英国立セント・アンドリュース（St Andrews）大学大学院国際関係学研究科博士課程に進学し、国際関係理論を用いてレバノン・シリア関係を説明するという研究に取り組むなかで、理論を徹底的に学んでいった。指導教授であったレイモンド・ヒンネブッシュ（Raymond Hinnebusch）先生は、博士論文を執筆するに際して、中東国際関係はもとより、国際関係理論に関しても詳細かつ丁寧にご教示下さった。また、博士論文を改訂して出版することになった際にも、国際関係理論に関する筆者の細かな質問に対して、迅速かつ的確にお答え頂いた。国際関係理論について今日まで理解を深めてくることができているのは、ひとえにヒンネブッシュ先生のお蔭であり、同先生の学恩にこの場を借りて改めて感謝申し上げる次第である。

筆者はこれまでに、数えきれないほどの学界・政府関係者、とりわけ中東関係者に公私共に支えて頂いてきた。大

変残念ながら、その方々全てのお名前を記すことは紙幅の都合からこの場では不可能であるものの、英国留学に際して多大なご足労を頂いた故岡野加穂留先生、大六野耕作先生、永田雄三先生、藤田進先生、帰国直後に教歴を得る機会を作って頂いた高橋和夫先生、山岸智子先生、安定した環境で研究できるように取り計らって頂いた飯塚正人先生、黒木英充先生、立花亨先生、田中浩一郎先生、松本太大使、渡邊武一郎先生のお名前はここに記させて頂いた。また、学部生時代に「国家論」の授業を履修して以来、折に触れて数々の相談に乗って頂いている西川伸一先生には、五月書房新社を今回ご紹介頂いており、約30年来の御縁に感謝申し上げたい。

　最後に、私事について書くことをお赦し頂きたい。妻の洋子と息子の櫂は、筆者のハードワークをいつも理解し、また気遣ってくれている。感謝してもしきれないが、改めてありがとう。

❖ 著者紹介

小副川 琢 （おそえがわ・たく）

1972 年、東京都生まれ。2004 年、英国立セント・アンド
リュース（St Andrews）大学大学院国際関係学研究科博士
課程修了（Ph. D. 取得）。東京外国語大学アジア・アフリカ
言語文化研究所特任研究員、在シリア日本国大使館書記官、
（一財）日本エネルギー経済研究所中東研究センター研究主
幹などを経て、現在は日本大学国際関係学部准教授。主な
著書・論文に、*Syria and Lebanon: International Relations and
Diplomacy in the Middle East*, London and New York: I.B.Tauris
Publishers, 2013 (hardback), 2015 (paperback) や、'Coping with
Syria: Lebanese Prime Ministers' Strategies', *Syria Studies*, vol. 7,
no.2, 2015, pp. 66-81、「危機が続くレバノン──内憂外患の
解決は可能か」『中東研究』第 543 号（2022 年 1 月）51-64
頁などがある。

世界情勢を読み解く国際関係論
主体・歴史・理論

本体価格‥‥‥‥‥‥一六〇〇円

発行日‥‥‥‥‥‥二〇二四年　二月一〇日　初版第一刷発行

著　者‥‥‥‥‥‥小副川　琢

編集人‥‥‥‥‥‥杉原　修

発行人‥‥‥‥‥‥柴田理加子

発行所‥‥‥‥‥‥株式会社 五月書房新社
　　　　　　　　東京都中央区新富二─一─二
　　　　　　　　郵便番号　一〇四─〇〇四一
　　　　　　　　電　話　〇三（六四五三）四四〇五
　　　　　　　　FAX　〇三（六四五三）四四〇六
　　　　　　　　URL　www.gssinc.jp

編集／組版‥‥‥‥片岡　力

装　幀‥‥‥‥‥‥今東淳雄

印刷／製本‥‥‥‥モリモト印刷 株式会社

百年名著

ニュー・エディション

西洋の没落

世界史の形態学の素描

全二巻

O・シュペングラー　村松正俊 [訳]

"文化"は"文明"へと必然的に頽落し、やがて終焉する——現代文明の閉塞を今から百年前に予見した歴史的名著の新編集版！

第一巻❖形態と現実　本体四五〇〇円　ISBN978-4-909542-19-9

第二巻❖世界史的展望　本体四五〇〇円　ISBN978-4-909542-20-5

五月書房